BLAKE LAVAK

CONQUISTE AQUELE CARA EM 60 DIAS

O PROGRAMA COMPROVADO PARA MUDAR O STATUS DE RELACIONAMENTO EM 2 MESES

Tradução
Tatiana Menon

Gente editora

Diretora
Rosely Boschini

Gerente Editorial
Marília Chaves

Estagiária
Natália Domene Alcaide

Editora de Produção Editorial
Rosângela de Araujo Pinheiro Barbosa

Controle de Produção
Karina Groschitz

Tradução
Tatiana Menon

Projeto gráfico e Diagramação
Triall Editorial Ltda

Revisão
Vero Verbo Serviços Editoriais

Capa
Thiago de Barros

Imagem de Capa
Thiago de Barros

Impressão
Rettec Gráfica

Título original: *Own that guy in 60 days*

Rua Pedro Soares de Almeida, 114,
São Paulo, SP – CEP 05029-030

Telefone: (11) 3670-2500

Site: http://www.editoragente.com.br

E-mail: gente@editoragente.com.br

Dados Internacionais de Catalogação na Publicação (CIP)
Angélica Ilacqua CRB-8/7057

Lavak, Blake

Conquiste aquele cara em 60 dias: o programa comprovado para mudar o status de relacionamento em dois meses / Blake Lavak; tradução de Tatiana Menon. – São Paulo: Editora Gente, 2016 .

192 p.

ISBN 978-85-452-0088-8

Título original: *Own that guy in 60 days*

1. Relação homem-mulher 2. Atração interpessoal 3. Paquera 4. Namoro I. Título II. Menon, Tatiana

16-0075 CDD 306.7

Índice para catálogo sistemático:

1. Relação homem-mulher 306.7

Dedicado ao meu pai, o cavalheiro inglês por excelência, que me ensinou a importância de pensar com originalidade, e à minha mãe, que apoiou meus esforços para pensar dessa forma.

GÁLATAS 6: 7-9

7: Não vos enganeis; Deus não se permite zombar. Portanto, tudo o que o ser humano semear, isso também colherá.

8: Pois quem semeia para a sua carne, da carne colherá ruína; mas quem semeia para o Espírito, do Espírito colherá a vida eterna.

9: E não nos desfaleçamos de fazer o bem, pois, se não desistirmos, colheremos no tempo certo.

Sumário

Prefácio

Conquiste aquele cara em 60 dias difere bastante dos livros de autoajuda para relacionamentos disponíveis no mercado hoje. Ele oferece uma nova perspectiva para esse antigo problema. Em vez de algo escrito por "especialistas treinados", que entopem seus conselhos de complexas teorias psicológicas sobre o assunto, Blake Lavak escreveu um livro informativo estando na posição única de "especialista por experiência". Essa sutil mudança resulta em um livro poderoso e persuasivo, que é baseado nas próprias experiências do autor com relacionamentos, além de observações e interpretações que ele tem feito.

Blake prende a atenção do leitor desde o começo, escrevendo de uma forma honesta, aberta e bem-humorada. Ele apresenta um livro que nos faz pensar, nos estimula e nos motiva. Compartilha as estratégias de relacionamentos e metodologias que foram testadas e comprovadas por mulheres através dos tempos e dá vida a elas na forma de quatro mulheres que considera peritas no jogo da sedução.

O livro desafia os conselhos predominantes sobre relacionamentos, que sugerem que as mulheres adotem uma abordagem passiva, em vez de ativa. Em seu livro, Blake fala diretamente sobre a confusão básica que a mulher moderna vive hoje, que surge a partir de mensagens sociais confusas no que diz respeito ao feminismo e à masculinidade. As mulheres modernas são encorajadas a adotar atitudes masculinas nos negócios — o que equivale a ser ousada, corajosa e direta — e femininas em sua vida amorosa — o que equivale a ser passiva, dócil, submissa e paciente.

Blake empodera as mulheres para que elas tenham a confiança necessária para usar todos os seus pontos fortes, através de interações que contêm características tanto masculinas quanto femininas, e em última instância encontrem e continuem com o homem de seus sonhos. Em uma abordagem de romance, Blake apresenta tanto os sucessos quanto as desventuras associadas ao emprego das técnicas de relacionamento que descreve. Isso permite que as leitoras decidam por si mesmas como adaptar e empregar as técnicas em questão. Blake sugere que as mulheres bem-sucedidas são ousadas, mas ao mesmo tempo são sutis e atenciosas.

Algumas das técnicas que Blake descreve podem parecer chocantes e provocativas a princípio, mas o impacto psicológico e emocional que elas têm nos homens é real, poderoso e duradouro. Se praticados, os princípios contidos neste livro vão encorajá-la a se engajar e a se conectar de um jeito diferente com o processo de se relacionar romanticamente. Se você se sente insatisfeita com suas experiências em relacionamentos e deseja outros resultados, este é o livro para você.

IMARA HURLINGHAM, Doutora em Psicologia Clínica

Introdução

É IMPRESSIONANTE QUÃO FÁCIL É conquistar um cara incrível utilizando a técnica certa. Ainda assim, muitas mulheres extremamente competentes em outros aspectos ficam perdidas no que diz respeito a isso. Então duas perguntas têm de ser feitas: o que elas estão fazendo de errado? E o que elas deveriam fazer em vez disso? Este livro oferece a resposta para ambas as questões.

Contanto que a leitora siga os princípios aqui descritos, ela terá o homem que quiser. E ela não precisa se parecer com uma estrela do cinema, ter barriga negativa, dentes clareados ou lábios carnudos. Na verdade, nada disso importa nem um pouco, desde que alguns princípios básicos sejam seguidos. Difícil de acreditar? Claro que é, e eis onde mora o segredo do sucesso. É precisamente por tão poucas mulheres saberem de verdade como capturar um peixão que a maioria delas acaba terminando com sardinhas. E isso significa também que um pequeno número de mulheres passa o rodo e com frequência pesca não só um, mas tantos peixões quanto consegue aguentar, às vezes até mais. Por quê? Porque elas conhecem o segredo. E uma vez que você o conheça, também pode fazer o mesmo. Quantas vezes tiver vontade. Você pode escolher. Escolha um para testar e, se não gostar, devolva e pegue outro. É bem provável que o peixe que você jogou fora faça tudo o que puder para morder sua isca de novo. Em outras palavras, se você fizer tudo direitinho, vai ficar mimada por ter tantas opções. Dá para imaginar uma coisa dessas? Ficar pensando o que fazer e quem escolher entre uma baciada de peixões, todos eles competindo entre si para morder sua isca? Com certeza agora você deve estar se perguntando: "Que tipo de isca é essa que cria tamanho frenesi alimentar ao meu redor? Se nunca aconteceu antes, como diabos poderia acontecer agora?". Bom, a isca é você, e só porque nunca aconteceu antes não quer dizer que não possa acontecer agora, ou assim que você absorver os princípios básicos deste livro e colocá-los em prática.

Esses princípios funcionam. Funcionam em todos os lugares e com todos os homens. Como é isso, você deve estar se perguntando. Bom, a resposta para essa pergunta também é simples: os homens são estúpidos. Não, não estou querendo dizer que eles não sejam inteligentes. Eles só não são muito espertos no que diz respeito às mulheres. É claro que os homens podem ser muito inteligentes. Afinal de contas, eles estão no comando do mundo há muito tempo. Contudo, enquanto estiveram ocupados demais dominando o mundo, montando exércitos, lutando contra outros exércitos de homens até a morte, e, na história recente, descendo em minas para escavar carvão, ou perfurando o Atlântico atrás de petróleo, ou escalando as montanhas do mundo corporativo — tudo isso resultando nos homens morrendo mais cedo que as mulheres —, o sexo feminino tem feito o que a maioria das mulheres parece querer fazer, que é ter filhos. Ou seja, enquanto os homens estiveram ocupados matando outros homens em batalha ou se matando no campo de batalha corporativo, as mulheres têm silenciosamente lidado com a criação e com o cuidado da vida, e graças a isso têm vivido mais que seus parceiros. Basta dar uma olhada em uma casa de repouso: um monte de senhorinhas com uma saúde impressionante. Onde estão os homens? Mortos e enterrados, e já faz tempo.

Os homens são estúpidos quando se trata de mulheres. É uma coisa de sexo e ego. Considere o caso de um bilionário russo que namora com uma supermodelo russa. Ela tem 1,80 m de altura e é deslumbrante. E acontece que ela também é muito esperta. Ela entende muito de literatura russa e já viajou o mundo. Enquanto outras modelos estavam gastando seus cachês em cocaína e em uma vida luxuosa, ela estava comprando propriedades em Moscou. Discretamente transformando seu dinheiro em investimentos à prova de inflação.

Enquanto isso, seu namorado bilionário tem quase tanto de cintura quanto ela tem de altura. Ele mal chega a 1,5 m de altura com seus sapatos de plataforma. E ele não é nenhum Johnny Depp. As fotos dos dois lado a lado são ridículas.

É bem claro qual o jogo aqui. Homens feios e ricos compram beleza. Lindas mulheres vendem sua beleza em troca de dinheiro e das coisas que o dinheiro pode comprar.

Nesse caso, o bilionário russo seria esperto ou estúpido? É bem provável que ele acredite quando sua namorada olha em seus olhos e jura amor eterno. Por quê? Porque ele quer acreditar, e a autoilusão necessária para tanto é o que leva um homem de modo geral inteligente e bem-sucedido a fazer algo incrivelmente estúpido: ele se casa com ela, mesmo com sua consciência dizendo que ela só está atrás do dinheiro. Um ou dois filhos depois, ela tem direito à metade de sua fortuna.

Sua necessidade de inflar o ego, de sexo e de sentir o amor dela o deixa estúpido.

O fato é que as mulheres são mais inteligentes que os homens. Elas têm de ser, afinal. Falando de modo geral, as mulheres são menores e fisicamente mais fracas que os homens. Então elas têm de compensar com superioridade intelectual. Se elas fossem menos que um adversário à altura dos homens, estariam morrendo mais jovens que eles. Simples assim. Os números não mentem. As mulheres vivem mais do que os homens. Não há melhor medida para determinar o vencedor da batalha dos sexos. As mulheres saem por cima. Em todos os lugares.

Agora que determinamos que os homens são estúpidos e as mulheres são inteligentes, fica claro que, ao ser esperta movimentando as peças no jogo do acasalamento, a mulher sairá vencedora.

Você talvez também esteja se perguntando por que este livro foi escrito por um homem, e não por uma mulher. Bem, poderia ter sido escrito por uma mulher. No entanto, as mulheres ao meu redor que já sabem o segredo para capturar peixões não parecem estar com pressa para compartilhar esse conhecimento com suas companheiras mulheres. Provavelmente porque são espertas demais para isso. Afinal, por que compartilhar a riqueza e revelar o truque quando você pode guardar todo o conhecimento para si e garantir seu cardume de peixões? Como sempre, as mulheres são mais inteligentes que os homens. Um homem típico, quando faz sucesso com as mulheres, vai querer contar para todo mundo, nos mínimos detalhes, como fez, o que disse, como foi. Em contraste, a jogadora bem-sucedida do sexo feminino fica de boca fechada e não entrega o jogo. O que é um dos princípios básicos para capturar os peixões, mas falaremos mais sobre isso adiante.

Ah, aliás, o negócio dos sessenta dias... Se você seguir os conselhos do modo exato como são apresentados neste livro, definitivamente vai virar dona do cara que quiser ao final do segundo mês que estiver saindo com ele. Se não conseguir é porque não seguiu os princípios para capturar o peixão. Este não é o tipo de coisa em que você pode escolher o que vai fazer ou não. Se decidir agir assim, o método não vai funcionar. É bem provável que você leia algo aqui e diga que não vai fazer de jeito nenhum, ou então diga para si mesma que os conselhos que está lendo aqui são diferentes de todos os conselhos que recebeu antes. Talvez um ou mais amigos digam que é loucura, mas fazer o quê?

Bom, nesse caso, pergunte para eles — e para si mesma — se está funcionando seguir todos os conselhos padrão dados pelas várias revistas focadas no público feminino. Essas coisas todas foram escritas, em sua maioria, por mulheres. Se você fizer sua lição de casa sobre quem escreveu tudo isso, vai descobrir que obviamente elas não estão seguindo os próprios conselhos, uma vez que a maioria delas é solteira. Ou é isso ou os conselhos delas não valem o papel no qual foram impressos.

O fato é que se você quiser se destacar da multidão tem de fazer algo diferente. É claro que você pode seguir a rota mais viajada e esperar que o peixão a encontre, chegue até você e faça o trabalho inicial, mas você terá de trabalhar um pouco para capturá-lo. Use as técnicas erradas e ele escapará. Sem motivo aparente. Vai virar passado. E você vai ficar se perguntando o que deu errado, o que você fez ou não fez que ele não gostou. Sem um retorno dele, será difícil fazer melhor da próxima vez. Ah, e enquanto você estiver esperando que ele chegue até você, a concorrência pode estar ganhando vantagem porque está seguindo os conselhos deste livro.

Que tal apenas relaxar e esperar o peixão encontrá-la? Afinal, não é assim que deve acontecer? A garota bonitinha espera que o Príncipe Encantado bata os olhos nela, apaixone-se instantaneamente e aí provenha segurança e certo estilo de vida para o resto da vida, certo? Duas palavras para você: vai sonhando.

Você tira das coisas o que coloca de si nelas. Não faça esforço nenhum além de passar uma maquiagem e ir até o lugar de pegação da sua cidade e adivinhe só: você vai conhecer um zé-ninguém. Contudo, se você se esforçar, as recompensas logo serão suas.

Ou seja, realmente depende de você. Como J. Pow, o filósofo cambojano, me disse certa vez, "tudo pode mudar".

Se você ler este livro e utilizar as técnicas dele, não só vai capturar os peixões como poderá escolher o melhor entre eles, e será dona daquele que escolher dentro de sessenta dias. Vamos começar.

CAPÍTULO 1

Onde nadam os peixões

A PRIMEIRA REGRA PARA CAPTURAR peixões é que você tem de jogar sua linha nas águas onde esses peixões nadam. Parece óbvio, não? No entanto, você ficaria chocada com quantas mulheres literalmente desperdiçam tempo e talento em eventos ou lugares onde, em vez dos peixões, as sardinhas se congregam.

Se você vai se dar ao trabalho de organizar uma estratégia de jogo, então vai querer executá-la direito e fazer a coisa toda valer a pena. E o engraçado é que não é tão mais difícil agir em um ambiente rico em alvos do que naqueles em que as opções não são tão boas. Há mais alvos nos quais você pode apontar a mira, e, se estiver fazendo tudo direito, esses alvos vão competir entre si pela sua atenção, e não o contrário.

Descubra o que você quer. Seu foco é na aparência ou em riqueza? Você quer um jovem e sarado deus do Olimpo? Ou quem sabe queira um homem com uma mansão onde você possa estacionar seus utilitários em uma garagem subterrânea? Seja lá o que for, vai encontrar com muito mais facilidade se frequentar os lugares aonde essa espécie de peixe nada.

Uma vez que você tenha decidido o que quer, é hora de começar a pesquisar. Você encontrará acadêmicos dentro e ao redor das universidades, bancários em certos bairros de grandes cidades e atletas onde quer que haja esportes. Isso devia ser evidente, mas, de novo, muitas mulheres se arrumam todas para uma noitada, esperando conhecer o cara dos sonhos, só para ficarem desapontadas quando isso não acontece. E aí elas se perguntam o que deu errado, quando tudo o que fizeram foi sair com as amigas para o mesmo lugar ao qual já foram antes e no qual tiveram os mesmos resultados ruins.

O processo de descobrir onde os peixões nadam não é nem um pouco difícil. Diversas vezes me vi em um bar no sudeste de Londres, assistindo a um jogo de futebol internacional importante, e percebi que o cara ao meu lado era um ator conhecido e rico. Um cara bonito, charmoso, educado e solteiro. Às vezes ele até estava acompanhado de uma bela jovem, mas com frequência esse não era o caso. A parte chocante é que havia pouquíssimas mulheres ali competindo pela sua atenção. Na verdade, ele parecia estar completamente disponível. Onde estão as mulheres e por que elas não estavam naquele bar ao mesmo tempo que ele?

Elas provavelmente estavam a caminho de algum bar da moda sobre o qual leram em uma revista, em vez de fazerem a lição de casa e descobrirem onde esse peixão mora, informação que poderia ser encontrada com facilidade na internet. Leva cerca de três minutos para descobrir onde esse cara mora com uma ajudinha do Google. E cerca de três minutos para também descobrir que ele gosta de futebol. E todo mundo já sabe que ele gosta de mulher, portanto isso não é problema.

Então estou confuso. Um dos solteiros mais cobiçados de Londres está ao meu lado em um bar, e não há quase mulher nenhuma no perímetro. Bom, aqui vai uma ideia para você: passe menos tempo procurando peixões no pesca.com e um pouco mais de tempo fazendo sua lição de casa sobre os peixões que realmente existem. As informações sobre esses caras são todas de domínio público, e não precisa ser um gênio para sacar que, se O Peixão mora em um grande aquário em uma parte rica de Londres e se ele gosta de futebol, faz sentido imaginar que ele visita com regularidade os bares locais onde os grandes jogos passam.

Trabalhe. Pesquise. Foque.

Ligue os pontos.

Você consegue.

Se a sua ideia de peixão é um surfista loiro e bronzeado, você não vai encontrá-lo em Oklahoma, a não ser que tenha muita sorte. Se, porém, você estiver disposta a fazer a lição de casa sobre os melhores points de surfe, os lugares aonde surfistas realmente vão surfar, e então acompanhar a previsão do tempo e das marés para chegar lá um ou dois dias antes de quando as grandes ondas estão previstas, já terá andado meio caminho para encontrar o cardume de peixões que pescará.

Repare que eu disse que você precisa encontrar os lugares aonde surfistas realmente vão surfar. Não perca tempo com points que estão na moda e os verdadeiros surfistas evitam. Assim como você não deve perder tempo na fila de algum bar de hotel que acabou de abrir, a não ser que esteja a fim de encontrar um homem casado de meia-idade que por acaso está na cidade a negócios e leu a mesma matéria que você.

Se conseguir parar e enxergar o panorama completo, se descobrir que tipo quer e onde esse tipo provavelmente será encontrado, então você já estará bem encaminhada para encontrar um partidão.

CAPÍTULO 2

Mexa em time que está perdendo

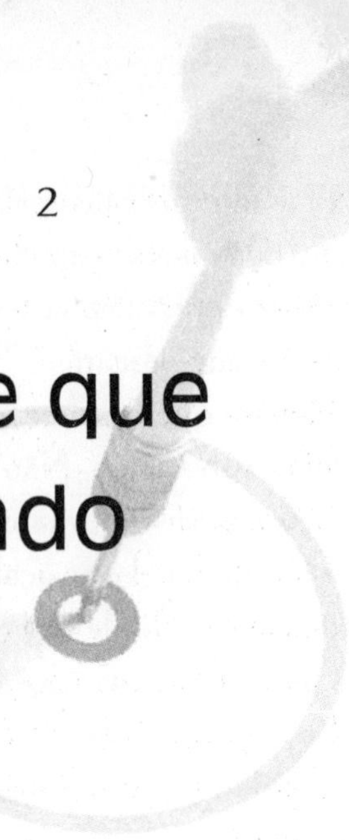

UM TIME QUE ESTÁ PERDENDO não vai alcançar a vitória. Isso é um fato. É uma perda de energia, de oportunidade e de tempo. E o tempo, minha amiga, não está do seu lado. A não ser que você faça com que ele trabalhe a seu favor ao invés de contra você.

Quantas vezes você vai sair para as mesmas festas toscas cheias de idiotas, as mesmas baladas cheias de mulheres com história demais para contar e homens sem futuro nenhum? Depois de um tempo, você vai começar a pensar, e a acreditar, que as histórias que lê em revistas femininas são fantasiosas. Você vai começar a pensar que as pessoas que vê vivendo no luxo naqueles programas de televisão não existem de verdade, que coisas assim simplesmente não têm como acontecer e, mesmo que acontecessem, não seria com você.

O curioso é que isso pode acontecer com você. Contudo, tem de acreditar nisso e dar o seu melhor para fazer dar certo.

O primeiro passo para fazer o sonho acontecer é ser realista a respeito de sua situação atual. Se você mora em uma cidadezinha na qual o maior peixão mal alimentaria uma família de ratos, precisa começar a pensar seriamente em se mudar, e logo.

Se a sua academia está cheia de mulheres mais novas e mais bonitas e você está esperando um peixão para o jantar, cancele sua matrícula e entre em outra academia. Se o bar aonde você vai está cheio de homens vinte anos mais velhos do que você procura, comece a frequentar outro bar. Se o bairro onde você mora é sem graça, procure outro lugar para sair, um lugar no qual você tenha muito mais chances de encontrar um alvo adequado, e vá para lá. Mesmo que isso signifique dirigir mais, pegar mais ônibus ou fazer mais baldeações.

Parece óbvio, não? No entanto, deixa eu contar uma coisa: conheço muitas mulheres que continuam fazendo as mesmas coisas, indo aos mesmos lugares, de novo e de novo, e ainda assim elas ficam surpresas quando não conhecem ninguém que valha a pena ou simplesmente não conhecem ninguém, ponto. Conheço uma mulher muito atraente, com uma bela casa que foi cortesia de um divórcio de um cara rico, e ela reclama sem parar da falta de homens interessantes a seu redor. Quando sugiro que ela olhe um pouco além do jogo de futebol dos filhos, do estacionamento da escola dos filhos, do almoço com as amigas, do jantar com a mãe, da academia com o irmão, ela olha para mim com cara de nada. Quer dizer, que diabos, ela realmente espera encontrar seu próximo peixão nesses ditos "eventos"? Só pode ser brincadeira.

As evidências não mentem: ela não vai conhecer o tipo de cara que está procurando a não ser que mude a estratégia de jogo. E, se ela sequer conhecer o tipo certo de cara, não tem chance nenhuma de ficar com ele.

É um jogo de números. Simples. E demanda trabalho. Não espere conseguir algo do nada. Um atleta famoso disse uma vez, quando foi sugerido que seu sucesso se resumia a muita sorte: "Quanto mais eu me esforço, mais sortudo fico".

Havia um homem muito bem-sucedido em atrair mulheres lindas e inteligentes, todas invariavelmente mais novas que ele. Ele não ostentava grana, não esbanjava elogios ou afeto nem jurava amor eterno. Contudo, trabalhava duro na coisa. Ele entrou em sites de relacionamentos e se esforçou, conhecendo incontáveis mulheres disponíveis antes de selecionar algumas. Seus amigos ficavam impressionados e com inveja à medida que ele aparecia com uma mulher atraente depois da outra, e contava histórias difíceis de acreditar sobre sua vida sexual. E isso se devia a 99% de esforço e 1% de sorte.

Em outras palavras, quanto mais duro você der, mais sorte terá.

Conforme for aprendendo a jogar, vai ficar melhor no jogo. Você deve estar preparada para cometer alguns erros no caminho, mas os erros vão ensiná-la lições muito valiosas, desde que leve em conta a realidade da situação em vez de se consolar no conforto da ilusão. Por exemplo, você pode falar demais ou só sobre si mesma, o que é um grande erro. Mas que também é fácil de cometer enquanto estiver aprimorando sua técnica e aprendendo o que falar ou não. Falaremos mais sobre isso depois.

Posicionamento é uma parte muito importante do processo de conseguir o que quer. Você não tem como conquistar aquele cara enquanto não o tiver encontrado. Então pense sobre o que você quer, pense onde um homem assim pode estar e mude seus hábitos para se colocar nesse lugar provável. Continue trabalhando nisso até acertar, esteja pronta para admitir seus erros e continue mudando sua estratégia até que ela funcione para você. O mundo é um lugar enorme e cheio de gente. Também está cheio de gente incrivelmente inadequada, e você não pode gastar seu tempo e sua disposição nisso quando sempre há outra oportunidade logo ali na esquina. Ou seja, se não está funcionando, mude. Faça um esforço e continue se esforçando.

Em diversas ocasiões estive em grupos compostos por homens jovens, disponíveis e extremamente qualificados, todos ganhando muito dinheiro, com excelentes históricos acadêmicos e profissionais. E eles estavam todos procurando por uma namorada bacana. O problema deles era o mesmo que o seu: encontrar alguém adequado.

Acontece que peixões assim são pessoas ocupadas. Eles geralmente têm empregos que demandam muito deles e que consomem bastante tempo, além de energia. No fim do dia, então, eles vão até um bar da região e tomam umas com os amigos.

Descubra onde essas pessoas trabalham e aonde elas vão quando saem.

Seu objetivo tem de ser se colocar em águas apinhadas de peixões. É claro que para isso você precisa determinar exatamente o seu tipo de peixão favorito. Seja lá qual tipo for, descubra onde ele vive, trabalha e se diverte, e se coloque lá.

E que comecem os jogos!

Antes que você possa fazer isso, é importante abraçar o conceito de mudança como se fosse um amigo há muito perdido. Mudar é difícil. Seu cérebro foi feito para resistir a mudanças. Seu cérebro faz você se sentir profundamente desconfortável assim que começa a fazer algo novo, então não se surpreenda caso se sinta assim quando pegar sua nova estrada. Contudo, se você não desistir, a nova estrada começará a ficar confortável, e depois de um tempinho você conhecerá essa nova estrada como a palma da sua mão. Um pouco depois de isso acontecer, você vai se sentir livre e ficar empolgada.

Ou seja: se o seu time atual não está entregando os resultados que você deseja, seja corajosa e mexa nele.

CAPÍTULO 3

Alvos

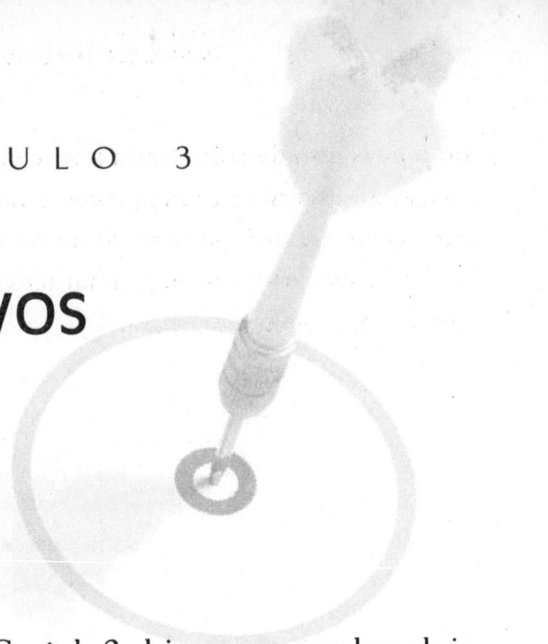

SE VOCÊ ABSORVEU A MENSAGEM do Capítulo 2, deixou o pequeno lago cheio de peixinhos para trás e encontrou uma piscina cheia de peixes maiores e mais saborosos, então é hora de identificar para depois focar alguns alvos. Alguns alvos? Mais de um? Sem dúvida. Este é um jogo de números, e se você jogá-lo assim vai aumentar exponencialmente suas chances de sucesso.

Lembre-se de que há muitos motivos para que um alvo aparentemente decente não valha o esforço. Ele pode ser gay, pode estar apaixonado por outra pessoa, ser um sem-teto, estar quebrado ou desempregado, ser um filhinho de mamãe, fraco, estúpido, patético, desinteressante, desonesto, sem graça, ruim de cama, cheirar mal ou até estar doente. A lista não tem fim. E como as pessoas raramente, se tanto, falam de cara seus piores atributos, leva um tempo para você sacar qual é a delas.

Assim, considerando que muitos dos pretendentes que parecem bons são na verdade péssimos, vale a pena espalhar seus investimentos em vez de aplicá-los todos em um único lugar. Agora as românticas do mundo dirão que elas querem se apaixonar e que devia simplesmente acontecer, e que, se por acaso elas se apaixonarem por um cara que é um filhinho de mamãe desempregado e ruim de cama, isso não importa, porque elas estarão apaixonadas. Que patético. A vida já é tão complicada, por que torná-la mais difícil que o necessário? Fique à vontade para se apaixonar. Isso, porém, não devia ser o que vai guiá-la. Se acontecer, será um bônus. O objetivo aqui é fazer com que o cara se apaixone por você, e não o contrário.

Jogar no ataque tem outras vantagens. O fato é que os seres humanos são competitivos por natureza. E se o seu peixão achar que tem concorrência, isso pode funcionar a seu favor. Repare que eu disse "achar" que tem concorrência, e não "souber". A última coisa que você quer é que seu alvo descubra que há outro cara em cena. Entretanto, faça com que ele suspeite que isso possa ser verdade. Se for questionada a respeito, não responda com sinceridade. Vale tudo na guerra e no amor.

Mais importante do que isso é aumentar suas chances de capturar peixões, e você faz isso tendo mais do que uma isca na água ao mesmo tempo. Sim, isso quer dizer que cuidar das linhas vai dar mais trabalho. O que em termos reais quer dizer manter a bola rolando com mensagens de texto diárias, e-mails, telefonemas e encontros.

São negócios, afinal. Se você fizer isso, e fizer direito, seus negócios vão render incrivelmente bem.

E, à medida que você for pegando a prática, vai ficando cada vez mais fácil.

Ou seja, faça suas jogadas, mas não se esqueça de manter seus peixes bem afastados uns dos outros. Eles não devem dividir a mesma piscina. Na verdade, eles não devem nem saber que há outra piscina na qual você pesca.

Essa diretriz também tem seus riscos. Se você tiver o azar de ser descoberta, será o fim do jogo com esses peixes, e isso vai querer dizer começar tudo do zero. Então você tem de garantir que não haja sequer chance de os peixes cruzarem os caminhos e descobrirem que você está pescando com duas ou mais varas simultâneas.

O jeito mais eficiente de garantir que isso não aconteça é manter tudo o que diz respeito a cada peixe separado dos outros. Não apresente mais que um peixe para seus amigos ou sua família, e só depois que ele tiver sido fisgado e já esteja pronto para ser assado. Você não tem como controlar o que esses amigos e familiares podem falar, e há uma grande chance de eles abrirem a matraca sem querer. Quando uma coisa assim acontece é rápido, e os resultados são calamitosos. Se você disser para um peixão que está saindo de férias com sua família e for viajar com outro peixão, é bom que esse assunto nunca surja em uma conversa entre esse segundo peixão e seus pais, senão você vai ficar bem encrencada.

Ou seja, a única forma real de se proteger contra ser pega em uma lorota é garantir que os peixões na sua mira não conheçam um ao outro, nem seus amigos ou sua família.

Isso pode soar impossível, mas é mais fácil do que você imagina. O jeito mais simples é sugerir que você não tem muitos amigos ou que não costuma ver sua família, mas não entre em detalhes. Quanto a por onde você anda durante todo o tempo que não está com ele, sempre há a academia, trabalhar até tarde, não estar se sentindo muito bem, sair com uma amiga que está com problemas no relacionamento, sair com um amigo gay, sair com alguém da época da escola para saber das novidades. Se você usar a cabeça, encontrará diversas desculpas para o tempo passado cuidando de outros peixes. Mantenha a explicação simples e doce. Se jogar de acordo com as diretrizes aqui estabelecidas, ele não vai se importar e provavelmente ficará satisfeito por ter você inteirinha para ele mesmo — ou pelo menos pensar que esse é o caso.

CAPÍTULO 4

A balança do amor

FISGAR DE VEZ O PEIXÃO requer que você faça esse cara se apaixonar loucamente por você. Se ele não se apaixonar, e muito, significa que você falhou em sua missão. Que fez algo errado. Você talvez tenha errado em várias coisas. Ou talvez tenha se apaixonado por ele primeiro, e muito. Ah, querida, isso nunca vai funcionar.

Lembre-se de que a pessoa que ama menos tem o controle. É triste, mas é verdade. Pense sobre casais que você conhece em que uma das pessoas teve um caso e que, quando o caso acabou, o casal voltou a ficar junto. E viveram felizes para sempre. Contudo, não é isso que acontece na maioria das vezes, não é mesmo? E por que não? Porque o que costuma acontecer é contraintuitivo. Digamos que Maria traia Marcos. Eles acabam voltando depois de um tempo, Maria pede perdão e nunca mais faz isso de novo. Ela se sente culpada e sequer olha de relance para outro homem. Deveria acontecer assim, caso contrário por que ela voltaria com Marcos? O que na verdade acontece é que Maria termina em posição de poder, porque ela traiu e foi pega. Marcos é quem terá de fazer um esforço extra, e não Maria. E o motivo é que Marcos estará sempre preocupado que, se aconteceu uma vez, então poderá acontecer de novo. E, a não ser que ele descubra um jeito de recuperar o poder, acontecerá de novo mesmo, basta uma oportunidade.

O objetivo dessa historinha é ilustrar a importância do controle. Sinta-se livre para se apaixonar loucamente, mas tenha certeza de que ele a ama mais. Dessa forma, você ficará com o controle. E, quando você tem o controle, comanda o espetáculo e consegue o que quer. E ele ficará ansioso para agradar, não só hoje ou amanhã, mas por quanto tempo você quiser. Queira uma casa maior: ele proverá. Queira férias mais legais: ele também proverá. Queira um monte de filhos: sem problemas. Se permitir que a balança do amor penda para o lado errado, acabará sentada em casa sozinha enquanto ele toma umas cervejas com os caras depois do trabalho — ou pelo menos será isso que ele dirá. E aí você vai começar a ligar e pedir para ele voltar para casa, a putrefação vai começar, e logo ele estará com outra mulher que o ama menos, mas o vê mais.

Em outras palavras, o plano é analisar bem alguns candidatos em potencial, e não se esquecer de se apaixonar, mas garantir desde o começo que o peixão se apaixone mais por você. Romance é uma coisa boa. O amor é ótimo. Quanto mais, melhor, mas a balança definitivamente deve estar a seu favor. Esqueça isso por um instante e estará perdida. Sem controle. Sem poder. Sem conseguir o que quer. E você entregará tudo para ele.

Sem dúvida você deve estar se perguntando como diabos fazer para se apaixonar, mas ainda assim garantir que o peixão se apaixone mais. A resposta é: força mental. Algumas pessoas parecem ser abençoadas com ela, outras têm de trabalhar para obtê-la. A questão é que a força mental pode ser desenvolvida, então, se você é um pouco fraca nesse sentido, isso pode mudar. Você só tem de pensar um pouco a respeito e aí dar pequenos passos na direção em que deseja ir, para que com o tempo fique mais esperta e forte. É exatamente como ir à academia: você vai uma ou duas vezes e não vê diferença. No entanto, depois de vinte visitas você começa a reparar que consegue levantar mais peso, correr mais rápido e por mais tempo, e já se sente melhor. Você se sente mais viva. Você se sente mais confiante. Você se sente mais atraente. E essa nova força e confiança faz com que você fique muito mais atraente para seus alvos. O que torna mais fácil manter o amor equilibrado a seu favor.

No mundo ideal, você quer que esse cara realmente se apaixone por você enquanto passa a ilusão de também estar apaixonada. Isso lhe dá todo o poder e todo o controle. Você precisa querer que ele fique na palma da sua mão, para que faça aquilo que você disser.

Sempre tenha em mente que, conforme joga esse jogo, é essencial manter o controle das suas emoções. Se você sentir que a balança do amor está inclinando para o lado dele, e não para o seu, quer dizer que o jogo mudou. E, por mais que talvez você ainda assim capture o peixão, será sob as condições dele, não sob as suas.

Portanto, tenha certeza de que o conjunto de balanças do amor está sempre pendendo para o seu lado. Se o equilíbrio estiver errado, tome atitudes para consertá-lo, rápido. Você aprenderá a fazer isso um pouco adiante no livro, então não se desespere caso aconteça!

CAPÍTULO 5

Indo à pesca

Você não vai pescar nada sentada em casa assistindo a *reality shows*. Por que não sair e tornar sua própria realidade mais interessante do que qualquer coisa que as mídias digitais tenham a oferecer?

As mulheres que são verdadeiramente boas nessa disputa o tratam como um negócio. Porque é mesmo um negócio. E há muito em jogo. Pesque um peixão e você pode se garantir pelo resto da vida. Tudo o que quiser — e sem precisar estudar muito para conseguir entrar em uma boa faculdade e conseguir um bom emprego, para consequentemente poder ganhar bastante dinheiro e comprar as coisas que deseja. Não. Há um jeito muito mais simples e divertido: capture o peixão e pegue carona no trabalho duro dele para conseguir uma vida boa. E pode ser muito divertido capturar esse peixão: bons restaurantes, bons vinhos, festas divertidas, viagens exóticas, presentes... Bem melhor do que estudar para provas, fazer entrevistas de emprego e passar por avaliações anuais, não? Incrivelmente, homens da espécie peixão parecem estar tão ocupados trabalhando duro que não percebem que estão fazendo todo o serviço enquanto sua amada não tem trabalho nenhum. É impressionante. Conheço um casal em que o marido quebra a cabeça diariamente, negociando *commodities* com o dinheiro de outras pessoas, enquanto sua esposa fica em casa e passa os dias com decoradores caríssimos que com facilidade a convencem a gastar 10 mil dólares em uma almofada, além da taxa de consultoria mensal de 35 mil dólares. As pessoas dizem que o marido é muito inteligente e a mulher é um pouco tapada. Eu diria que ela entende muito do seu ofício, e obviamente não precisa de um exemplar deste livro.

Minha mãe diria a você que no tempo dela as mulheres só faziam faculdade para poder conhecer um homem com boas perspectivas de futuro. Ou seja, um homem que pudesse conseguir um emprego bem remunerado e as mantivesse da forma a que elas queriam se acostumar. As coisas mudaram mesmo tanto assim de lá para cá? Parece que as mulheres gostam de trabalhar, por um tempo. E aí o instinto com o qual nasceram bate e elas começam a fazer o que lhes é natural: começam a procurar por um provedor. Não há absolutamente nada de errado com isso. É algo sensato também. Pesque um peixão, garanta provisão para você e seus filhos, e com isso resolvido o que vier depois é lucro.

No entanto, de volta ao projeto atual: é claro que pode exigir certo esforço sair procurando por amor depois de um dia difícil no trabalho, mas, ei, você colhe aquilo que planta. Por que não sair direto do trabalho? Você fez sua lição de casa e sabe para onde ir. Você está experimentando um lugar novo. E você tem um plano B caso o primeiro lugar não esteja parecendo promissor. Você será brutal se o lugar ou as pessoas não estiverem funcionando. Vai simplesmente levantar e sair andando. Seguir para o próximo estabelecimento e para a próxima oportunidade. Não perder tempo é uma regra importante aqui. Um bom pescador vasculha o mar procurando os sinais que indicam que a água sob seu barco está cheia de peixões. Antigamente eles procuravam por aves sobrevoando a água, porque sabiam que as aves estavam lá para comer os peixes pequenos que haviam sido levados à superfície pelos peixes grandes nas profundezas. Hoje em dia, os pescadores usam sonares para que possam ver os peixes lá embaixo. Se não há pássaros ou apitos de sonar, quer dizer que não há peixes, então eles partem imediatamente. Você tem de fazer o mesmo.

Vale a pena mencionar aqui que um subproduto indesejado da técnica de sair para pescar com frequência é a atenção que você vai receber das sardinhas. Assim como os pescadores amaldiçoam as pequenas presas que correm até sua isca e se prendem a ela, você deve desencorajar a atenção do tipo errado de peixe. Ser simpática e falar com as sardinhas vai desencorajar a abordagem dos peixões e também impedirá que você opte por uma abordagem ativa. Seja firme, seja até rude se necessário, mas livre-se das sardinhas.

Agora que estabelecemos que você deve ir à pesca com regularidade, a questão é: com que frequência exatamente? Quanto mais você praticar, melhor vai ficar. Se você sair uma vez por semana durante um ano, talvez chegue à marca 52 noites fora. E se levar doze noites para você pegar o jeito e começar a fazer a técnica funcionar, depois mais doze para cometer erros e aprender com eles, será um processo de aprendizado de seis meses antes que você se torne produtiva. Talvez isso não seja ruim, mas nesse ritmo você provavelmente vai ficar a ponto de desistir, e vai me culpar e amaldiçoar o dia em que comprou este livro. Nós todos só vivemos uma vez, então porque não pisar fundo no acelerador?

Você devia ir à pesca pelo menos quatro vezes por semana. Senão não estará levando este projeto a sério. Faça seu esporte favorito uma ou duas vezes por semana e adivinhe só: ao final de um ano será tão boa nele quanto era no começo do ano. Faça três vezes por semana e você melhorará um pouco. Faça quatro vezes por semana e vai melhorar muito. Faça seis vezes por semana, com aplicação e reflexão, descanse no sétimo e será o melhor que pode. Coloque em prática o que você aprenderá com este livro toda vez que sair e você se tornará incrível e irresistível.

CAPÍTULO 6

Veja e seja vista

A NÃO SER QUE VOCÊ tenha olhos na nuca, não devia jamais se sentar de frente para a parede. Sei que parece óbvio, mas olhe a seu redor da próxima vez que sair. Não raro vejo mesas de garotas sentadas juntas, curtindo algumas taças de vinho e fazendo graça umas com as outras em bares populares de Londres. Agora, adivinhe só: metade das garotas está sentada de costas para a parede, enquanto a outra metade fica olhando justamente para essa parede e para suas amigas, que estão de olho no movimento atrás delas.

Garanta que vai ficar de olho no movimento e ganhe de dois jeitos: vai ver os peixes e eles verão você. As garotas que estiverem olhando para o lado errado terão dado uma vantagem enorme para suas amigas mais inteligentes e oportunistas.

Da próxima vez que sair, seja esperta e garanta um lugar para sentar ou ficar parada onde você possa ver e ser vista. Ou não estará tentando de verdade. Senão, vale mais a pena ficar em casa com a famigerada dupla filme e taça de vinho.

Se a única mesa disponível for no fundo, enterrada atrás de uma pequena selva de plantas ou atrás de uma coluna no salão, ou de repente no andar de baixo, onde não há um bar, não tem clima, não tem movimento e acima de tudo não há oportunidades: nesse caso, esqueça. Caia fora.

Você tem de fazer a viagem valer a pena. Não se permita ser jogada em um canto que é conveniente para todos menos você. A comida pode ser boa, é verdade. E o lugar pode ser elegante. Entretanto, se não a estiver levando aonde você quer chegar, siga em frente. Simplesmente não vale a pena ficar na fila ou tentar dar um jeito com um canto ruim em um lugar bom quando esse tempo podia estar sendo gasto em um lugar onde as coisas aconteçam de cara para você. Ao contrário do que alguns pensam, peixões não vão apenas a lugares famosos e populares. Há muitos peixões por aí, eles não são uma espécie ameaçada de extinção. E você pode encontrá-los em muitos lugares, mas você precisa conhecê-los antes de fisgá-los. E isso não vai acontecer em um estabelecimento acabado.

Seja flexível e esteja pronta para se movimentar. Se o lugar onde você está não a conduz ao objetivo atual, ajuste seu posicionamento.

Você está tentando ganhar vantagem competitiva toda vez que sai. Não quer dizer que esteja focada em apenas uma coisa. Sinta-se à vontade para ter certeza de que está saindo com a intenção de se divertir e que isso vai acontecer mesmo que um peixão não venha nadando na sua direção naquela ocasião em particular; mas, ao ajustar algumas coisas, como estar visível para os peixes e garantir que você vai conseguir vê-los quando eles deslizarem para dentro do seu campo de visão, estará trabalhando duro e de forma inteligente para assegurar que está aproveitando todas as chances que aparecerem no seu caminho.

Outro ajuste fino é garantir que você esteja acessível. Um problema em estar situada de costas para a parede é que inevitavelmente haverá mesas ou cadeiras ou pessoas entre você e a variedade de peixão de sua preferência. E isso traz um problema, porque poucos homens são confiantes o bastante para atravessar o corredor polonês até você, para passar por esses múltiplos obstáculos e também aqueles que provavelmente estão ali e você nem se deu conta. E isso é porque, se ele é bom assim, vai jogar com você, que não vai poder fazer o mesmo. Esse é um peixe perigoso do oceano, um tubarão, e não um peixão com o qual você entra em batalha — a não ser que queira perder, o que é quase garantido.

E o melhor jeito de evitar tubarões enquanto procura por peixões é jogar depressa sua linha no mar aberto e depois recuar de volta para a água rasa. Jogue a linha, e depois recue. Espere um pouco. Jogue a linha nas profundezas mais uma vez. Recue de novo. Faça isso regularmente. Não fique sentada, esperando que os tubarões nadem até você para jantá-la. Porque é exatamente isso que eles farão. Eles a localizarão porque você estará visível. E nada entrará em seu caminho se eles decidirem torná-la o alvo deles. Um tubarão experiente vai devorá-la viva. E você vai gostar de ser devorada. Ao fim da experiência, porém, ficará despedaçada, perguntando-se o que aconteceu.

Navegando em mar aberto você dá aos peixões que estão lá a oportunidade de nadarem ao seu lado, exibindo-se. Se você não gostar do que está vendo, simplesmente recue e tente de novo um pouco mais tarde. Com qual pretexto, você deve estar se perguntando. Simples: ir ao banheiro. Pegar um copo d'água. Ou um pouco de gelo. Ou uma fatia de limão, ou um guardanapo. Ou para pedir um cardápio. Mantenha-se em movimento. Tenha certeza de que está acessível e então todo um mundo de oportunidades se abrirá. Diversas opções lhe serão dadas. E oportunidades florescerão conforme cada vez mais peixes se materializarem para ver o que está sendo oferecido. Quando você estiver satisfeita, volte ao seu lugar para conversar com as amigas. Os peixes ficarão loucos. Você atiçou o apetite deles, e depois de mais uma ou duas pequenas investidas em mar aberto eles estarão vorazes. Depois de um tempo, estarão pensando nos melhores jeitos para chegar junto de alguém, silenciosamente destruindo o cérebro para tentar pensar em algo espirituoso e interessante para dizer para você e chamar sua atenção. Eles estarão observando cada movimento que você faz enquanto fingem que nem a estão vendo, e estarão desesperados tentando prever a próxima vez que você navegará em mar aberto — quando ela virá, em qual direção e por quê? Será que ela vai ao banheiro? Ou até o bar? Será que devo esperar ela vir até mim ou deveria abordá-la? Isso tudo acontecerá enquanto eles tiverem a sensação de que há algo pelo que jogar. E isso acontecerá se você se movimentar. Simples assim.

Lembre-se desta regra: garanta que você pode ver e ser vista, e garanta sua acessibilidade.

CAPÍTULO 7

Seja ousada, seja corajosa

BOM, SE VOCÊ JÁ CHEGOU até aqui e realmente absorveu as diretrizes estabelecidas nas primeiras seções deste livro, significa que agora está pronta para começar a entrar no cerne da questão do que leva à captura dos peixões.

Você começou a se aventurar além das águas rasas cheias de sardinhas, nas águas mais profundas onde os peixões nadam. Agora também já está muito boa em enxergar as situações e os lugares pelo que eles são e, portanto, sabe quando as coisas não vão funcionar para você, não importa quanto tempo passe lá. Caso isso aconteça, você segue adiante para locais mais férteis num piscar de olhos. Também levantou sua guarda e sabe que o truque é achar o amor, mas garantir que, quando você encontrá-lo, o objetivo do jogo será fazer com que o peixão a ame mais do que você o ama. Você também está saindo muito atualmente, nada dessa enrolação de uma vez por semana. Isto é um negócio — e um negócio sério, que demanda compromisso e dedicação. Por fim, você já está afiada a ponto da perfeição no seu jogo inicial, e quando está em algum lugar cheio de belos peixões saborosos garante que consegue enxergá-los todos, e que eles também conseguem vê-la. Você está criando pequenas oportunidades para que os peixes cheguem de soslaio e mostrem que espécimes maravilhosos são, para se venderem a qualquer custo.

Tudo isso está ajudando você a criar a situação na qual tudo acontece. O peixão a vê, você o vê de volta, vocês se esbarram e daí em diante tudo começa a acontecer. Ou deveria. No entanto, o que fazer quando não é assim?

Às vezes você vai precisar acrescentar algo a mais na mistura. O triste fato é que em algumas partes do mundo ocidental os homens podem ser... bem...

digamos *tímidos*, por falta de uma palavra melhor. Você tem de se lembrar de que vocês, mulheres, podem ser um tanto quanto intimidadoras. Isso é especialmente verdade quando você é linda, espirituosa, inteligente e bem-sucedida. Daí junte seis ou oito de vocês e acrescente vinho e risadas, e a coisa toda pode parecer uma tarefa impossível para que um cara reúna coragem para fazer uma jogada. Primeiro ele tem de pensar em algo para falar, depois ele tem de ir até lá, e então fazer uma abertura, não raro diante de uma plateia. Bom, deixe-me contar para você que isso não é nada fácil. É claro que, depois de um balde de cerveja, nada poderá pará-lo, mas essa dificilmente será a entrada para o seu mundo.

Uma mulher muito atraente, com seus 30 e poucos anos, me disse uma vez que, quando está parada em um ponto de ônibus em Paris, todo homem entre 18 e 65 anos dá em cima dela. No entanto, uma vez que esteja em Londres, é ignorada por completo. E como resultado disso ela praticamente não tem companhia masculina, apesar de suas qualidades óbvias no departamento da beleza.

Há as histórias sobre Los Angeles que dão peso a esse argumento. Fábulas nas quais os homens em L.A. sequer se dão ao trabalho de abordarem as mulheres. Por quê? Porque as mulheres de lá abordam um homem se estiverem interessadas; se não o fazem, é por indiferença. Todo mundo lá parece saber que é assim que funciona, e joga de acordo com essas regras. Os homens economizam muito incômodo. E as mulheres escolhem quem elas querem. Há evidências sugerindo que os homens na América do Norte e no Reino Unido foram emasculados. Isso é dito porque agora o divórcio é predominante, com mais de 50% dos primeiros casamentos dando errado — e 70% dos segundos casamentos também. Levando em conta que as consequências do divórcio são muito severas, financeiramente falando, os homens estão segurando a onda e se comportando. Contudo, eles se comportam quase bem demais. Não ousam sequer olhar para outra mulher, falar com outra mulher, muito menos flertar com outra mulher. Surgiram termos como "traição emocional", e as mulheres literalmente vão para cima dos seus namorados e maridos por causa de quase qualquer contato com qualquer mulher além delas mesmas, a ponto de um clique rápido em um site de pornografia se tornar o equivalente a um desvio sexual grave e base automática para um divórcio custoso.

Meu Deus do céu, como as coisas mudaram. Quando eu era criança, contava com a pilha de revistas *Playboy* do meu pai, "escondida" em seu armário, não só para possibilitar que eu visse como as deliciosas curvas no corpo de uma mulher realmente eram mas também para me ajudar a entender o que eu devia fazer com um corpo feminino se um dia fosse sortudo o bastante para ter um com o qual brincar.

Pule para o começo do século XXI e agora há algo de errado com um cara quando ele admite para aquela que ama que curte fazer um pouco de sexo solo enquanto se senta em frente à tela de um computador com tudo que a tecnologia tem a oferecer esses dias. Há quarenta ou cinquenta anos havia algo de errado com o moleque que não gostasse de dar uma espiada na página central da *Playboy* ou da *Penthouse*. Agora somos todos uns pervertidos. Vai entender.

Ou seja, se os homens americanos e britânicos foram emasculados, e se a tendência em L.A. — onde as mulheres adotaram os hábitos dos homens antes que eles fossem emasculados — se espalhar para a Costa Leste dos Estados Unidos e eventualmente para Londres e para o restante da Europa e do mundo, então a próxima orientação se torna ainda mais essencial para garantir sucesso com os peixões.

Seja ousada.

Esqueça sentar e esperar o peixão chegar até você. Você pode acabar esperando por muito tempo. E muitos peixes perfeitamente adequados podem acabar passando batido enquanto você espera, paciente, por uma mordidinha.

O famoso autor americano Mark Twain disse que ele somente se arrependia do que não tinha feito. John Betjeman, o poeta e escritor inglês, disse uma vez, quando perguntado logo antes de morrer o que teria feito diferente se pudesse viver a vida mais uma vez, que gostaria de ter feito mais sexo.

Por que esperar quando tudo está pronto para pegar? Se você der de cara com alguma coisa de que gosta, arrisque-se e tente pegá-la. Você sempre pode largar mão se não for do seu gosto. Em vez de olhar enquanto um peixe interessante passa nadando, por que não esbarrar nele você mesma? Veja o que acontece. Claro que ele pode ser gay ou inapropriado por uma série de motivos, conforme já discutimos, mas quem não arrisca não petisca. Adote uma atitude corajosa quando estiver no mundo. Não tenha medo de abordar um cara. Aliás, faça questão de abordar cada cara que chamar sua atenção. Exige um pouco de prática, mas quanto mais você se esforçar, melhor vai ficar.

E esteja pronta para uma grande surpresa. Você ficará chocada com a forma como será recebida pelos caras a quem der um pouco de atenção. Eles ficarão mais encantados do que dá para imaginar. E por que isso acontece, você deve estar se perguntando agora.

Deixe eu contar um segredo: não tem um só cara solteiro que eu conheça que não ficaria de boca aberta e deslumbrado se uma garota fosse até ele do nada e se apresentasse fazendo um pequeno elogio. E o motivo para uma reação dessas é que isso raramente acontece. É claro que, se você é uma mulher atraente e sai bastante, receberá muita atenção. Sem dúvida também muita dessa atenção será indesejada. Essa é a forma como nossa sociedade funciona: os caras têm de dar em cima das garotas, e as garotas têm de se fazer de difíceis mesmo quando querem a atenção do cara. E as garotas definitivamente não devem se prestar ao papel de sirigaitas descaradas e fazer a primeira investida, pois isso não é coisa de menina. Não é assim que se faz. Bom, pense mais uma vez. Deixe todas as outras garotas fazerem as coisas de menina. Deixe que elas façam toda essa função de fugir com uma ocasional olhada para trás de relance, antes de saírem correndo de novo. Enquanto elas estiverem fazendo isso, faça questão de dizer "oi", e "como você é bonito" para todos os peixões frescos dos quais todas as outras garotas estão fugindo.

Posso garantir que ser ousada renderá belos dividendos. Quão ousada? Veja a seguir o exemplo de quão ousada você pode ser e os resultados disso.

O cenário era um bar popular em Notting Hill, uma área elegante na zona oeste de Londres. Um grupo de caras, colegas de trabalho, estava a caminho desse bar para tomar algumas cervejas e assistir a um jogo de futebol. À medida que eles entravam e faziam o reconhecimento do lugar em busca de uma mesa e cadeiras para seis, um dos caras reparou em um grupo de três garotas em uma mesa, duas delas sentadas de frente para a parede e uma de frente para o movimento. Três dos caras sentaram na única mesa disponível, que por acaso era ao lado da mesa das garotas. Eles ignoraram as garotas, tomando sua cerveja e assistindo ao jogo atentamente. Em dado momento, a garota que chamarei de Mina do Rock, aquela de frente para as duas amigas e para o movimento, tentou puxar assunto com os caras, mas foi rejeitada — parecia que o futebol estava em primeiro lugar. Então ela esperou. Um pouco mais tarde, uma mesa ali perto ficou disponível e todos os seis caras se sentaram juntos. O jogo terminou e quatro deles saíram para fumar um cigarro. Nisso a Mina do Rock viu sua chance e agiu com ousadia: ela se levantou e andou até seu alvo, o peixão. Casualmente e com confiança, sentou-se ao lado dele. Ela não pediu, simplesmente o fez. E perguntou para o peixão: "Eu não conheço você? Você não é jornalista da BBC?". Ele ficou lisonjeado com a atenção e mais do que apenas um pouco surpreso com a atitude dela. Ele estava se perguntando quem essa garota era e o que ela queria ali. Ela tinha obviamente confundido ele com outra pessoa. Ele explicou para ela que era bancário, e não jornalista. Ela não se mexeu. Em vez disso, sorriu e tomou um golinho de cerveja do copo que tinha nas mãos. Ela se inclinou para a frente e disse que faria sexo com ele aquela noite, embora não exatamente nessas palavras. Depois disso, ela voltou o corpo para trás e sorriu para ele. O cara ficou incrédulo. Isso nunca tinha acontecido com ele antes. Ele ficou achando que devia se tratar de uma pegadinha, que os amigos tinham armado essa, e perguntou para ela qual dos seus amigos era o culpado. Mas é claro que não se tratava de piada coisa nenhuma. E foi isso que ela disse para ele. Então eles começaram a conversar, mas não sobre sexo nem sobre futebol.

A Mina do Rock foi ousada e corajosa. O cara que ela abordou era facilmente o mais bonito do lugar. Além disso, ele era um homem bastante inteligente e educado. E casado com uma mulher de uma família rica de alta classe. Ele tinha tido uma carreira muito bem-sucedida em finanças e fazia parte dos clubes mais exclusivos da cidade. A Mina do Rock não tinha educação formal, tendo deixado a escola aos 16 anos, morava em um apartamento miserável na periferia e tinha uma filha bebê de apenas 18 meses, além de não ter uma carreira promissora nem quaisquer perspectivas. Apesar de todas essas diferenças, não muito tempo depois desse primeiro contato ele estava apaixonado por ela. Mais tarde, ele deixou a esposa para viver com a Mina do Rock.

Essa ação muito simples mudou o curso de uma série de vidas. Um espectador casual poderia dizer que o comportamento deles foi chocante e imoral, que ele devia ter ficado com a mulher dele, e não se extraviado. Mas a verdade é que o cara já estava infeliz havia anos. Ele e a esposa não combinavam. Ele tinha começado a beber muito e sua vida não estava indo para lugar nenhum além de ladeira abaixo. A Mina do Rock tinha sido infeliz da mesma forma até aquela noite, e sua vida melhorou significativamente daquele ponto em diante.

A Mina do Rock não esperou o cara abordá-la. Ela viu uma oportunidade e foi atrás. Eles se apaixonaram, e o resto é história. Ela capturou o peixão, mas teve de tomar a iniciativa.

Moral da história: seja ousada e seja corajosa.

Fico constantemente impressionado ao ver grandes grupos de mulheres solteiras pela noite na cidade, andando grudadas como se tivessem nascido assim. Elas dizem que não conseguem conhecer um homem decente em lugar nenhum, e todas estão desesperadas por romance e desejo, a fim de achar um cara decente com boas perspectivas. Ainda assim, elas fazem tudo o que está ao alcance delas para garantir que isso não aconteça. Qual é o objetivo de acertar seu visual, encontrar um lugar legal onde a ideia é se divertir e conhecer um cara bacana, e aí mandar sinais que o tempo todo dizem o contrário disso?

Sair em grupos é uma ideia ruim. Desanima demais os caras. E a definição de grupo é qualquer coisa acima de duas pessoas. Se você sai com uma amiga, vocês trabalharão juntas. Vocês se apoiarão e se encorajarão. Você vai se arriscar. Porque duas garotas juntas quer dizer que vocês serão honestas uma com a outra. Com mais de duas, porém, tudo muda. Subitamente os elementos competitividade e inveja rastejam equação adentro. Se um peixe interessante nadar até esse ambiente, a politicagem feminina começará. Suas amigas agora se tornarão inimigas. Elas vão querer o cara para si e, se não puderem tê-lo, vão trabalhar duro para que você não o consiga também. A desgraça gosta de companhia.

Garanta que, quando for sair para pescar peixões, não levará consigo mais do que uma amiga. E aí, quando a oportunidade se apresentar, agarre-a com ambas as mãos. Quanto mais ousada e corajosa você for, mais peixões conseguirá pegar.

C A P Í T U L O 8

Diversão e sorrisos

PENSE ANTES DE FALAR QUALQUER coisa.

E se pergunte se você sorri bastante, só um pouco ou se não sorri nunca.

É bem provável que, a não ser que seja um tipo de pessoa naturalmente sorridente, você não sorria nem perto do que imagina. Se você de fato sorri bastante, provavelmente sabe disso porque já ouviu um milhão de vezes de seus amigos e familiares. Ande pela rua e olhe para as pessoas que caminham na sua direção. Quantos sorrisos você vê? Nenhum seria o meu chute. E a razão para isso é que a maioria das pessoas está preocupada demais com as provações e as tribulações do dia a dia. Exceto se houver um bom motivo para sorrir, as pessoas não o fazem. Disso se conclui que, a não ser que o gesto de sorrir seja estimulado por algum tipo de evento, você não sorri.

O engraçado é que a característica mais atraente de qualquer mulher, independentemente de seu tamanho, forma, idade ou cor, é um grande sorriso feliz. Vocês colocam silicone, alinham e clareiam os dentes, compram roupas caras, passam horas na academia, e tudo isso é desperdiçado porque não sorriem.

Coloque-se no lugar de um peixão. Ele faz o reconhecimento de uma sala procurando aberturas e oportunidades. Ele vê uma boa quantidade de garotas atraentes. Com belos corpos, belas extensões no cabelo e belos sapatos. Todas elas estão profundamente absortas em conversas. Todas estão sérias. E todas são bem intimidantes. E aí ele vê uma do seu grupo com a cabeça para trás, dando risada. Ele olha mais uma vez e ela está sorrindo. Ele fica instantaneamente intrigado. E fica interessado. Perguntando-se do que ela está rindo, imaginando o que está causando o sorriso. "Ei, ela parece feliz e parece estar se divertindo. Ei, estou aqui para me divertir também. Talvez nós possamos nos divertir juntos. Hmmmmmmm, como chego lá e acho alguma coisa sobre a qual falar com ela? Quero falar com ela agora. Quero conhecê-la."

Pois adivinhem só, todas vocês, outras garotas, com suas conversas sérias e sobrancelhas franzidas: ele esqueceu completamente que vocês existem. Não importa se você está com uma bolsa Anya Hindmarch e um par de Louboutins chiques. Ele quer conhecer a garota com o sorriso, e não se importa se ela derramou bebida na blusa ou se as cores da roupa dela não combinam. Ele quer conhecer a Garota Sorridente porque ela parece feliz. E ele espera que sejam felizes juntos, se tudo der certo por muito tempo.

Da próxima vez que sair, coloque um lembrete no seu celular para dali a mais ou menos uma hora. Quando o alarme apitar e você olhar para o seu telefone para desligá-lo, não se esqueça de ler o lembrete que diz "ganhe vantagem das outras garotas e continue sorrindo". Então sorria.

Os homens amam mulheres felizes. Eles acham que elas são imensamente atraentes. Mesmo que você não esteja feliz, aprenda a fingir. Faça aulas de atuação se necessário. Mas comece a sorrir. Você descobrirá que mais homens gravitarão ao seu redor, e isso acontecerá de imediato. Sorrisos e risadas. Muito mais atraentes que o melhor perfume, a roupa mais sexy, o melhor corpo. Junte tudo isso e você terá uma combinação quase irresistível. Acrescente uma coisa a mais e você terá uma combinação que nocauteará os homens. Uma coisa mais explosiva que um cruzado de direita de Mike Tyson... No entanto, o que uma garota comum sabe sobre isso? Por mais que manter seu sorriso no ar seja um trabalho relativamente fácil, algo que você só tem de pensar a respeito para fazer, o ingrediente matador para o sucesso é uma qualidade mais rara, mas que de forma nenhuma é impossível de desenvolver.

Diversão.

Meu irmão falava o seguinte sobre minha ex-mulher e uma ex-namorada minha: "Blake, elas não eram divertidas". Ele estava certo. E talvez isso seja grande parte da razão pela qual elas não fazem mais parte da minha vida. E talvez explique porque eu pedi outra garota em casamento, mesmo que não me sentisse atraído por ela fisicamente. Ela era uma montanha de diversão. E estamos falando de algo como o Himalaia, não como as montanhas de Poconos.[1]

Suspeito que essa garota sempre tenha tido uma personalidade divertida. Também tem um ótimo sorriso. Ela junta tudo e o resultado é que ela é letal. Em qualquer bar, qualquer restaurante, qualquer balada, qualquer festa, em qualquer lugar a qualquer momento. Ela toma conta de tudo. Todo mundo quer ficar com ela, homens e mulheres, jovens e velhos. Eu já a vi transformar o jantar mais pomposo, cheio das pessoas mais travadas, em um evento sobre o qual as pessoas falaram por anos. E ela nem tinha sido convidada. Eu já a vi fazer um bar chato e pretensioso virar um lugar extremamente animado e divertido em menos de quinze minutos. E ela fez isso sendo divertida. Imagino que você esteja se perguntando o que foi que ela fez. Tudo o que lembro é de uma foto dela em um vestido branco de Marilyn Monroe, com sapatos de salto alto vermelhos, arrastando um milionário de meia-idade pelo chão, de blazer e tudo, enquanto ele conseguia manter sua taça de vinho tinto de pé. Apesar dessas supostas humilhações, ele estava morrendo de rir o tempo todo que era arrastado pelos calcanhares na pista de dança. Você acha que ela foi expulsa do lugar ou que algo do tipo aconteceu com ele? Dificilmente. Quando voltei lá para tomar um drinque, o dono me abordou e ofereceu seu barco de pesca de 65 pés para eu pegar emprestado quando quisesse. E disse para eu levar a garota comigo. Esse é o poder da diversão.

Houve outra ocasião na qual eu estava em um jantar em Fulham, uma parte opulenta do oeste de Londres, que estava cheio das mesmas velhas pessoas que eu tinha encontrado em outros jantares tão respeitáveis quanto, porém extremamente entediantes, na região. Essas festas são povoadas por tipos pretensiosos, todos tentando superar uns aos outros no jogo do status social. Todos fingindo virem de famílias importantíssimas, com um pedigree de séculos. Na verdade, eles até eram agradáveis, mas eram bem comuns em termos de histórico, daí a pretensão e ilusão. No meio da noite recebi uma mensagem de texto da Garota Divertida, que disse que estava por perto e gostaria de se juntar a mim. Dez minutos depois ela estava sentada à mesa. Dez minutos depois disso, ela e eu

---

[1] Região no nordeste da Pensilvânia onde o pico mais alto tem aproximadamente 650 metros de altura. (N.T.)

estávamos bebendo sentados no chão da sala da frente, contígua à sala de jantar. Dez minutos depois disso Willy, o Esnobe, se juntou a nós e também sentou no chão, muito para minha surpresa e divertimento. Sua muito bem comportada esposa ainda estava na mesa de jantar. Depois de três minutos com a Garota Divertida, Willy deixou de lado os hábitos e o comportamento pretensioso e queria se divertir um pouco. Importava que a Garota Divertida tivesse vindo do bairro errado, falasse com o sotaque errado, se vestisse como uma piriguete e tivesse menos que o equivalente a 500 dólares na conta? Definitivamente não. A Garota Divertida é ótima. E dentro de trinta minutos todo mundo quer conhecê-la e todo mundo quer ser seu amigo. Em dado momento, a dona da festa se aproximou de mim e disse: "As meninas todas gostam mesmo da Garota Divertida, e nós decidimos convidá-la para o nosso grupinho. Não costumamos fazer isso, então você pode convidá-la para vir junto com você no próximo jantar". Pensei comigo mesmo que elas nunca mais veriam a Garota Divertida, e não porque ela não seria convidada para outra de suas noites pretensiosas e entediantes, mas porque a Garota Divertida não voltaria, nem que eu implorasse. Porque as outras garotas não eram divertidas.

A Garota Divertida tem problemas, como todo mundo. Ela também passou por momentos difíceis: um câncer de mama quase a matou quando ela estava no meio dos trinta. Ela foi estuprada quando era adolescente. Ela não é rica, sequer tem segurança financeira. Ela vive em um quarto de uma casa que divide com artistas que estão batalhando por um lugar ao sol. No entanto, ela consegue guardar para si mesma os problemas que tem e não permite que eles a derrubem. E certamente não permitirá que um probleminha ou dois estraguem uma boa noite. Como consequência disso, ela é muito feliz, ou pelo menos aparenta ser, e as pessoas gravitam ao seu redor. Ela é convidada para tudo, nunca tem de colocar a mão no bolso para conseguir um ingresso ou um lugar em uma mesa de jantar, e está em todas as listas VIPs e de convidados possíveis.

Ela é divertida porque está determinada a se divertir, porque nunca sabe quando a festa vai acabar. E a festa, para ela, é a vida. Talvez tenha sido o confronto com o câncer que a fez ser assim. Seja lá qual for a explicação, o resultado é muito poderoso.

Nós não nos casamos. Eu moro em um apartamento muito pequeno e ela disse que, por mais que me amasse, não havia espaço ali para todos os seus sapatos. Parecia um motivo perfeitamente razoável para não se casar com alguém, por isso fui embora lamber minhas feridas e nós continuamos grandes amigos até hoje.

Desde então, ela já apareceu diversas vezes em todas as revistas de famosos, sempre dando o ar da graça em uma festa de celebridades em algum lugar de Londres, e também já recebeu muitas outras propostas de casamento. Ela tem um sorriso incrível e é muito divertida, e ainda há de receber muitas outras propostas, todas vindas de peixões.

Se você conseguir sorrir como ela e se divertir pelo menos metade do quanto ela se diverte, também receberá.

CAPÍTULO 9

Leve como uma pena

VOCÊ JÁ VIU ALGUM EPISÓDIO de *The Big Bang Theory*? Dê uma olhada na personagem chamada Amy, a namorada de Sheldon. Você definitivamente não quer ser como ela.

Não estou querendo dizer que você precisa virar uma cabeça de vento ou alguém sem profundidade ou substância. Muito pelo contrário. Na verdade, você quer ser respeitada e ser levada a sério. Isso acontece com o tempo, conforme o peixão for conhecendo-a melhor. A princípio, contudo, você quer ser leve como uma pena.

Penas flutuam no ar, e você nunca tem certeza de aonde elas vão depois. Elas podem aterrissar na sua mão ou podem facilmente sair voando com uma pequena brisa para nunca mais serem vistas de novo.

Seja como essas penas.

Quando conhecer o peixão, não se esqueça de manter as coisas leves. Quão leves? Muito leves. Nada de papinhos sobre os seus problemas ou o seu trabalho. Faça com que ele fique se perguntando. E pergunte sobre ele. De uma forma despreocupada. Lembre-se de que não é uma entrevista. Bom, na verdade é, mas você não quer que ele pense que é. Seja lá o que ele disser, sua resposta deve indicar que você estava escutando e que o acha muito interessante, mas não responda contando para ele sua história de vida. A hora para isso chegará depois. Da mesma forma, essa não é a hora para falar sobre política, religião e seu posicionamento sobre controle de natalidade ou de armas. Não fale sobre negócios, rixas familiares ou ex-namorados.

Mantenha as coisas leves.

Deixá-lo falar sobre si mesmo, coisa que a maioria das pessoas ama fazer, permite que você o avalie e mantenha suas cartas próximas ao peito, onde elas deveriam ficar.

Informação significa poder, então por que ceder uma coisa dessas quando você pode simplesmente pegar de graça?

Quando vocês se separarem depois do contato inicial, se você manteve as coisas leves e foi cativante, ele estará intrigado e vai querer vê-la de novo. É claro que ele vai querer saber alguma coisa sobre você — quem você é, onde trabalha —, mas também vai querer outra chance de falar sobre si mesmo.

Antes que ele perceba, ficará vendido.

CAPÍTULO 10

Carpe diem

ARREPENDIMENTOS. EU ATÉ TIVE ALGUNS, mas no fim das contas foram poucos. Não vale a pena sequer mencioná-los.

O bom e velho Frank Sinatra chegou ao fim da vida com apenas alguns arrependimentos. É uma boa atitude. Esteja certa de optar por ela em vez de ficar para trás, e talvez possa dizer a mesma coisa quando chegar à terceira idade.

Você já se perguntou por que algumas pessoas de idade são más ou desagradáveis, estão sempre de mau humor e não são nada divertidas? Enquanto, em contrapartida, alguns idosos são felizes, contentes e ótimas companhias?

Tenho quase certeza de que as pessoas de idade felizes são aquelas que aproveitaram as chances que tiveram na vida, e, quer tenham perdido ou ganhado, elas pelo menos fizeram uma tentativa. Viveram suas vidas. Resolveram se arriscar um pouco. Com isso ganharam um pouco e perderam um pouco. No fim das contas, elas podem olhar para trás e dizer: "Bem, pelo menos eu tentei".

Os velhos infelizes são aqueles que fizeram o oposto disso. Eles talvez não tenham feito sua viagem dos sonhos enquanto podiam — pensaram muito a respeito, mas nunca foram, e aí ficaram doentes ou passaram a ter artrite ou algo do tipo, e o momento para viver esse sonho passou.

Qual dessas pessoas você será?

Imagine que ganhou algumas entradas para um jogo de polo da alta sociedade. Você chegà lá e de repente percebe que o maior dos peixões, príncipe Harry, está por perto.

Você olha de relance para ele, e olha mais uma vez e então espera que ele a note, ou você engole uma grande taça de champanhe e caminha até ele para se apresentar com um grande sorriso?

Seja honesta.

Você não faz nada, não é? É claro que assim não tem de passar por um momento desconfortável ou rejeição humilhante. E assim também pode voltar para casa e contar para suas amigas que estava do lado do príncipe Harry, mas não fez nada.

Ou, no espírito *carpe diem*, você poderia ir até lá e dizer "olá". Embora eu nunca tenha encontrado com ele e, portanto, não o conheça, chutaria que ele ficaria lisonjeado com a atenção e impressionado com a sua confiança. Ah, inclusive, se você conseguir uma oportunidade dessas, lembre-se de ser leve como uma pena.

Qual a pior coisa que poderia acontecer?

Dia desses, eu estava com um grupo de amigos homens em um bar em Kings Road, em Chelsea, sentados em uma mesa enquanto fazíamos graça um com o outro e tomávamos algumas bebidas. Naturalmente, a conversa era sobre mulheres. Súbito, um dos caras deu um pulo e se moveu depressa para o bar. Estranho. Nós todos tínhamos bebidas, uma vez que alguém tinha acabado de comprar uma rodada.

Ele chegou ao bar e se aproximou de uma garota de cabelos castanhos, extremamente atraente, que tinha acabado de se esticar para comprar uma bebida. Ele disse algo para ela, ela pegou a bebida que tinha pedido e voltou a sentar com as amigas. Ele levou um tiro à queima-roupa. E aí fez a caminhada de volta para ser zoado na mesa.

A verdade é que nós todos respeitávamos aquele cara por ter a coragem que nenhum de nós tinha tido, de aproveitar o momento e se arriscar. Você não ficará surpresa ao saber que esse cara era o integrante do grupo que tinha um monte de namoradas, que não estava sempre reclamando de não conseguir arrumar um encontro ou achar uma garota bacana. O cara se arriscava, levava a rejeição na cara, se recompunha e fazia tudo de novo.

Nós queríamos odiá-lo, mas ele era nosso herói.

Seja também como esse cara.

Duas garotas que conheço estavam me contando sobre suas experiências recentes de relacionamentos. Ambas tinham tido primeiros encontros, e ambas sentiam que esses encontros tinham ido bem. Elas tinham gostado dos caras, mas nada aconteceu depois. Nenhum segundo encontro. Nenhum convite para jantar ou ir ao cinema. Ambas estavam perplexas.

Elas me perguntaram o que tinha dado errado, por que não tinham ouvido falar deles.

Então perguntei a elas se tinham ligado ou mandado uma mensagem para o cara no dia seguinte dizendo quanto tinham gostado da noite. E se elas tinham agradecido pela ótima noite. Afinal, o cara havia organizado tudo e pagado por tudo também. As garotas aceitaram tudo que estava sendo oferecido para elas e depois disseram boa noite.

Coloque-se no lugar desses caras. Você chamou uma garota para sair, fez de tudo para que o encontro fosse agradável e memorável — o que de fato foi — e pagou por tudo. No fim da noite, a garota diz “obrigada e boa noite”. E aí no dia seguinte você não ouve notícias dela. Você espera mais um dia. Nada ainda.

Sugeri a essas garotas que elas talvez devessem ter entrado em contato com o cara logo na manhã seguinte, com um “olá” animado, um agradecimento sincero e um convite para tomar um café e andar no parque.

Elas olharam para mim, pensaram a respeito por um momento e disseram: “Meu Deus, você está certo. Por que não pensamos nisso?”.

Aproveite o momento, arrisque-se. Você ficará surpresa com os resultados.

CAPÍTULO 11

Olho nele

IMAGINE A SEGUINTE SITUAÇÃO: VOCÊ sai com um cara e repara que ele está sempre dando uma olhada no lugar, verificando o movimento, verificando as outras garotas... Pense em como isso faria você se sentir.

Muitas mulheres fazem exatamente isso o tempo todo. Ei, eu sei que todo mundo faz. No entanto, se você vai fazer, quer mesmo ser pega no ato? Não há vantagem nenhuma nessa estratégia. Você talvez se safe com essa se estiver saindo com uma sardinha, mas não devia nem estar nessa situação para começo de história. Nadar com as sardinhas quer dizer que você também é uma sardinha. E as sardinhas não comem peixões, pelo menos não de onde eu venho.

Se você seguiu as instruções deste guia até agora e está aproveitando uma noite bacana com um peixão em potencial, por que diabos colocaria tudo em risco com um olhar perceptível, por mais que de relance, pelo lugar, para ver o que mais está nadando por perto? É loucura. Há um grande risco de inconveniência e zero potencial de vantagem.

Ainda assim, vejo isso acontecer o tempo todo.

Enquanto as amadoras estão estragando a dura batalha que travaram por uma chance com seus peixões, as garotas espertas estão fazendo de seu peixão o centro do universo. Elas mantêm os olhos no prêmio.

Fui sortudo o bastante para ter tido a oportunidade de bater bola em uma quadra de tênis com um jogador profissional bem conhecido. É claro que queria que ele dissesse que eu tinha muito talento e que eu só precisava ajustar minha empunhadura ou mudar um pouco a forma como batia na bola e jogaria melhor de imediato. Em vez disso, ele me disse algo completamente diferente: ele me orientou a manter os olhos na bola. Manter os olhos na bola? Você está de brincadeira? Claro que estou mantendo os olhos na bola. Certamente seria impossível acertar a bola a não ser que eu estivesse olhando para ela, certo? Errado.

Ele me disse que eu estava tirando os olhos da bola logo antes de fazer contato com ela. É difícil de acreditar, mas era verdade. Ele me contou sobre um dos grandes jogadores de todos os tempos, chamado Ivan Lendl, que costumava acertar mil *backhands* seguidos em um treino, e ele nunca tirava os olhos da bola até que ela já tivesse deixado sua raquete. Ele não precisava olhar para ela depois, porque tinha batido tão bem nela que sabia para onde ela estava indo e o ponto exato onde aterrissaria.

Faça o mesmo.

Mantenha os olhos no seu alvo e não os tire dele. Se ele for um cara esperto, também estará de olho em você, e não vai levar numa boa o fato de você estar checando a concorrência bem debaixo do nariz dele. É muito difícil fazer um peixão se apaixonar por você com essa estratégia, portanto, não há motivo nenhum para segui-la.

A não ser que você esteja absolutamente certa de que seu peixão não perceberá que você está dando uma olhada nos outros peixes do mar enquanto está com ele, não o faça.

E essa é uma via de mão dupla. Fique de olho nele e veja o que ele está olhando.

Se ele estiver sempre olhando para trás de você, então é hora de subir o nível do seu jogo ou puxar sua linha e seguir em frente. É bem provável, porém, que, se você estiver jogando direito, ele só tenha olhos para você — e você perceberá isso também.

C A P Í T U L O 1 2

Mistério

A VIAGEM COSTUMA SER MELHOR do que a chegada ao destino, como diz o velho ditado.

Da mesma forma, assim que seu peixão souber tudo o que há para saber sobre você, ele talvez não continue a voltar querendo mais.

Tudo o que é misterioso exerce grande fascínio, então trabalhe duro para desenvolver o mistério. Sempre deixe algo guardado para si mesma. Não seja liberal nem solte fácil qualquer tipo de informação a seu respeito. Sinta-se à vontade para fazer alusões a qualquer coisa que você ache que possa prender a imaginação dele, mas não entre em detalhes rápido demais. Deixe-o ficar imaginando. Perguntando-se o que vem depois.

Não importa se o seu emprego for, na melhor das hipóteses, monótono. Não deixe que ele fique sabendo disso. Também não há motivos para aumentar uma história. Faça com que o fluxo de informação corra aos pingos.

A imaginação é uma coisa curiosa. Se você jogou as cartas certas até agora, achou um lugar bom para a pesca, prendeu um peixão na sua isca e agora está começando a fisgá-lo, o melhor jeito de fazer com que o interesse dele continue aumentando e o suspense se armando é ser misteriosa.

Isso não significa ser evasiva. Bom, não de forma óbvia pelo menos. No entanto, é assim que funciona. Quanto menos você falar sobre si mesma, mais ele vai querer saber. Se ele estiver se apaixonando por você, tomará cuidado para não bisbilhotar agressivamente os seus negócios e o seu histórico, ao menos não de um jeito que você perceba. A verdade é que assim que chegar em casa ele vai sentar na frente do computador para tentar descobrir algo a seu respeito na internet, mas não conseguirá ir além disso. E, se ele estiver fazendo algo do tipo, de qualquer forma você estará ganhando o jogo. Então continue jogando assim.

A Garota Divertida era uma subcelebridade. Ela trabalhava como colunista de uma grande revista de fofocas e tinha um séquito razoável, embora fosse apenas por ser uma personalidade, e não por ter alcançado alguma grande realização. Quando um novo peixão se apresentava e perguntava se ela era famosa, ela respondia "sou conhecida". Uma resposta brilhante. Significa qualquer coisa que você queira. Conhecida por quem? Conhecida em seu vilarejo local ou na telona? Conhecida por qual motivo? Pela beleza? Por fazer negócios escusos? Por ser uma jogadora? Uma resposta como essas constrói interesse, arma suspense e dá poder.

A Mina do Rock é particularmente boa nesse jogo, e ela minimizava as conquistas de sua família. O fato de que ambos os lados da sua família tinham comandado governos no Oriente Médio e na Ásia não era algo que ela mencionava até o peixe estar praticamente servido na mesa e pronto para ser devorado.

Para exemplificar melhor, outra jogadora impiedosa e bem-sucedida, a Dama Misteriosa, usava outro pequeno truque. Ela não vinha de uma família ilustre nem era uma grande personalidade. Contudo, era boa em algo que é do interesse da maioria dos caras: sexo. Seu jogo era ser bem misteriosa no que dizia respeito ao que fazia, já tinha feito, onde, com quem, sozinha, em que momento do dia ou noite, em que locação, com qual frequência, de quantos jeitos, em quais posições, suas fantasias e o que a deixava excitada.

Ela estava saindo com um cara havia cerca de um ano e meio, entre idas e vindas, e também continuava circulando por aí esse tempo todo. Ela sentiu que o cara estava sacando a dela, e sabia que tinha de subir o nível do jogo para enfeitiçá-lo de volta ao lugar onde o queria — sob seu controle, no caso.

Eles estavam na cama, curtindo uma sessão vigorosa, mas padrão, de sexo papai e mamãe. Ele estava pensando que essa poderia ser a última vez deles, porque estava cansado de todas as mentiras e dos outros caras dela. E então resolveu permitir que um dedo seu explorasse uma cavidade inexplorada do corpo dela. Ele esperava que ela recuasse com nojo. Esperta como a Dama Misteriosa era, porém, ela deixou que ele o fizesse. Em vez de reagir com nojo, ela começou a gemer de prazer, como nunca havia feito antes (com ele). Na verdade, ela começou a gritar em êxtase, tão alto que ele até ficou preocupado de os vizinhos ouvirem e reclamarem. Quando estava tudo acabado e eles estavam deitados um ao lado do outro em silêncio, ele disse: "Como é possível uma coisa dessas? Conheço você há tanto tempo e só descubro agora que você gosta disso?". Ela respondeu que ele nunca tinha perguntado, e que, sendo inglesa, ela não era capaz de voluntariar uma informação dessas sem ser solicitada a fazê-lo. Ele pensou a respeito por um minuto e então disse: "Do que mais você gosta na cama que eu não sei?". Ela respondeu: "Ah, tem muita coisa, mas não posso te contar tudo assim, numa tacada só".

O cara ficou perplexo. Quer dizer que havia muito a descobrir sobre o que essa garota gostava de fazer na cama, e ele nunca saberia se a dispensasse?

O pequeno truque dela funcionou. Ele não deu um pé nela.

Se você pensar a respeito por um momento, essa é uma arma extremamente poderosa para ter em seu arsenal...

Pense um pouco e veja se há algo sobre o qual você possa se tornar especialista em ser misteriosa, então use isso a seu favor.

A regra primordial é continuar viajando e nunca chegar ao destino. Sempre deixe algo guardado. Ou, no mínimo, tenha certeza de que ele acha que não sabe tudo que há para saber a seu respeito.

Um pouco de mistério vai fazer com que ele continue querendo mais, e mais, e mais.

E, se ele ficar ousado e colocá-la contra a parede a respeito de alguma coisa, apenas dê um sorriso e diga: "Isso é algo que eu sei, mas você vai ter de descobrir".

CAPÍTULO 13

FOCO

A PARTIR DO PRINCÍPIO DE que estamos falando aqui de um negócio, e não de um joguinho, vale lembrar o tamanho da importância de manter seu foco em todos os momentos. E o seu ponto de foco deve ser o seu peixão.

É muito importante que você colete e junte o máximo de informações que puder sobre esse cara. Você precisa conhecê-lo em detalhes, saber de tudo que ele gosta e não gosta. E isso só pode acontecer se você estudá-lo como um padre estuda sua Bíblia. É claro que você não pode deixá-lo perceber que está sendo observado com extremo propósito, mas é exatamente isso que você deveria estar fazendo.

Se fizer isso bem, ao final da empreitada terá um conhecimento enciclopédico sobre sua presa e deverá estar apta a prever seus movimentos e suas ações com facilidade. Essa habilidade vai capacitá-la a antecipar problemas e a eliminá-los antes que tenham a chance de se transformarem em algo de fato sério.

Também vai significar que um alarme apitará caso algo fora do ordinário comece a acontecer — algo que talvez não funcione a seu favor. Da mesma forma, se como resultado de um foco afiado você conhecer bem seu alvo, isso lhe dará todo o espaço para fazer as manobras necessárias.

Como exemplo disso em seu nível mais básico, o aniversário do seu peixão deve estar gravado no seu cérebro. Se você estiver administrando dois ou três peixões ao mesmo tempo, a data de nascimento de todos eles deve estar decorada. Nada mostra interesse tão fácil e eficazmente quanto um cartão de aniversário bonitinho, com uma mensagem profunda, sendo entregue a tempo. E, óbvio, nada mostra falta de interesse real como se esquecer da coisa toda.

Já vi casamentos correrem sérios riscos por causa da negligência de um dos cônjuges na observação do aniversário do parceiro. Deve até ser difícil de acreditar em uma coisa dessas, mas é real. Reciprocamente, vi mulheres que são muito boas nesse jogo fazerem as pazes depois de um comportamento horrendo através do simples gesto de entregar um cartão apropriado na hora certa.

Ou seja, você deve prestar muita atenção em tudo o que seu peixão falar, e depois deve manter esses fatos em segurança. Se a sua memória for muito ruim, anote tudo. Se ele disser que a mãe dele era órfã e que ele tem um cachorro chamado Rex, anote essas coisas.

Observe como ele se veste, que carro dirige, onde mora, o que gosta de comer, qual a cerveja que bebe, que esportes pratica, de que cores gosta, o estilo dele, onde passa as férias, sua idade, seu corte de cabelo, os sapatos que usa, de que marcas gosta e não gosta, sua religião, seu posicionamento político — e faça notas mentais disso tudo.

Cada informação sobre ele que você puder coletar vai ajudá-la a desenvolver seu próprio comportamento, de tal forma que será impossível ele não se apaixonar por você.

Agora, qual o objetivo de coletar todas essas informações? Bom, o objetivo é utilizá-las e garantir que você as esteja utilizando bem.

A Mina do Rock tinha reparado que, apesar de seu peixão ser um profissional muito bem pago, ele parecia não ligar muito para a aparência. Na verdade, ele só tinha três pares de calças, e um estava cheio de furos. Em vez de ridicularizá-lo por sua óbvia falta de senso de moda, ela fez uma amiga dela sinalizar o fato de que as calças dele estavam cheias de furos. Então ela acrescentou o comentário que ele devia ser de uma família muito rica para ter a confiança de sair com aquele estilo. É claro que o cara ficou um pouco envergonhado por ver que os furos tinham alguma relevância real, mas também ficou lisonjeado por terem reparado neles e comentado a respeito. Pouco tempo depois, a Mina do Rock comprou umas calças novas para ele, e ela elogiou quão bem ficavam nele, assim ele dificilmente as tirava até ficarem bem gastas.

Em outro caso, um peixão disse para a Garota Divertida que sempre desejara fazer uma tatuagem. Ela não comentou nada na hora, mas arquivou essa informação para uso posterior. A vida continuou, e um dia ela ganhou uma tatuagem de graça, cortesia de uma famosa série de TV que estava documentando o perfil das pessoas que se tatuam. Ela tinha feito uma e conseguiu uma para seu peixão também. Não só seria de graça como seria feita pelo tatuador que fez a famosa tatuagem de David Beckham, e seria filmada para exibição mundial.

Ele foi e fez a tatuagem, e agora fica muito contente toda vez que alguém que conhece vai até ele e diz: "Ei, acho que vi você no Discovery Channel ontem à noite. Era você mesmo?".

Não estou dizendo que você precisa ser capaz de arranjar coisas como essa para capturar seu peixão, mas o que você poderia — e deveria — estar fazendo é se lembrar das pequenas coisas que ele mencionar, e aí fazer algo com essas informações que mostre que você se importa e está pensando nele.

Uma garota que conheço tinha como alvo um peixão que gostava de certo tipo de *cheesecake* que só era vendido na Harrods, uma loja de departamentos sofisticada no meio de Londres. Quando o peixão, que estava na sua mira, foi para Nova York a trabalho por duas semanas, ela mandou entregar um *cheesecake* da Harrods no escritório dele. Isso deu muito certo.

Quer seja comprar um novo par de calças ou um *cheesecake* para o peixão que está na sua mira, é o foco que permitirá que você saiba qual a coisa certa a fazer para ganhar a afeição dele. Quanto mais focar, mais rápido terá fisgado, capturado, limpado e grelhado esse peixão.

CAPÍTULO 14

Sexy, *baby*

SE VOCÊ NÃO ESTIVER USANDO o sexo para capturar seu peixão, pode muito bem ir se acostumando a uma dieta de sardinhas para o jantar. E sardinhas daquelas bem pequenas.

Qualquer um que te diga algo em contrário deve estar fumando yaba[2] demais ou tem alguma motivação secreta. O que fez de Marilyn Monroe o ícone sexual indisputado do século passado? *Sex appeal.* Como é possível que todo homem, e praticamente toda mulher se ela estiver sendo honesta, deseje dormir com Angelina Jolie? *Sex appeal.* Como é possível que todo mundo goste de Jennifer Aniston e ainda assim ela parecer não conseguir segurar seu homem? Falta de *sex appeal*.

Se você acha que talvez possa confiar em seu charme, sua inteligência e sua personalidade para capturar o peixão, boa sorte. Entretanto, por que fazer as coisas do jeito difícil quando isso não é necessário? E por que deixar sua concorrência ter uma vantagem competitiva? Você pode aproveitar sua reputação de "bonita e legal" ou se beneficiar de uma reputação de "vadia e depravada". A escolha é sua.

Se não acredita em mim, faça uma viagem até Pattaya, também conhecida como Cidade do Pecado, na Tailândia. Essa cidade atrai milhões de visitantes do mundo inteiro todos os anos, atraídos pelo clima tropical, pela cultura, pela comida deliciosa e pelas lindas ilhas e praias, tudo com preços acessíveis. Volte no tempo, porém, para alguns anos atrás, e você descobrirá que as principais

---

2 Comprimidos com uma mistura de cafeína e metanfetamina populares no Leste Asiático. (N.T.)

atrações de Pattaya — antes de ela se ajeitar e começar a atrair famílias e congêneres — eram as mulheres que se faziam disponíveis para turistas solteiros, a começar pelos soldados norte-americanos que aproveitavam uma pausa para descanso e recreação fora das batalhas que eram travadas nas selvas bem do outro lado da fronteira, no Vietnã.

Se você andar por Pattaya à noite hoje em dia, verá um número incontável de bares cheios de mulheres bem arrumadas para uma grande noite fora. Também verá travestis lindíssimas. Essas mulheres têm apenas um propósito: atrair a atenção dos homens e ganhar tanto dinheiro quanto puderem com eles. E a primeira pergunta que elas farão para esses homens será: "Quanto tempo você fica na Tailândia?". E aí elas dirão: "Você homem muito sexy". Então elas pedirão que ele pague uma bebida para elas, e aí outra, e ainda mais uma. O homem logo ficará inebriado, pagará para o estabelecimento uma "taxa de bar" — uma pequena taxa para levá-la para casa com ele —, e apagará de imediato. No dia seguinte, ele pagará a ela uma pequena fortuna, de acordo com as condições que ela estabelecer. Por uma noite da qual não se lembra. Ela vai olhar nos olhos dele, dizer coisas doces, elogiá-lo, e tentar convencê-lo a repetir a dose na noite seguinte. Se ela for realmente boa, estará jogando com muitos desses homens estúpidos ao mesmo tempo.

Se ela tiver tempo suficiente para fisgá-lo, ele estará perdido. Assim que ele voltar para casa, para sua vida suburbana em Manchester, começará a sonhar com a beleza tropical morena que conheceu nas férias, e talvez comece a mandar dinheiro para ela todo mês.

Não está acreditando em mim? Pois saiba que a Tailândia recebe de países da Europa Ocidental um influxo de milhões de dólares toda semana. Tudo pago por sardinhas ingênuas.

Bom, os mesmos princípios se aplicam aqui. A principal diferença é que você estará pescando presas maiores. E isso requer um pouco mais de sutileza na abordagem, mas não é tão diferente assim. Essas mulheres tailandesas normalmente conseguem enfeitiçar o Senhor Sardinha em cerca de três semanas. Capturar um peixão leva um pouco mais de tempo, mas não mais que sessenta dias.

Se você estiver tentando fazer isso sem usar cada centímetro do seu tipo específico de *sex appeal*, será como correr uma maratona com uma mala amarrada nas costas: possível, mas um trabalho duro demais.

Já mencionei antes as mulheres que sabem como fazer isso, as quatro que são especialistas em pescar peixões. Eu as chamo de Garota Divertida, Mina do Rock, Dama Misteriosa e Dançarina Tailandesa. Elas não poderiam ser mais diferentes umas das outras, tanto em aparência quanto em temperamento e porte. No entanto, todas sabem os melhores lugares para pescar, usam a melhor isca e capturam os maiores peixões — e vários de cada vez.

A única coisa que todas elas têm em comum é o *sex appeal*. E, nossa, como sabem usá-lo.

Também conheço muitas mulheres muito atraentes que se debatem com suas linhas de pesca. Elas passam muito tempo cuidando do equipamento, mas suas iscas simplesmente parecem não ser mordidas. E, quando são mordidas, de alguma forma o peixe parece escapar da linha.

Essas mulheres são bonitas, mas ficam devendo um pouco no quesito *sex appeal*.

Você deve estar se perguntando: isso significa que eu tenho de me comportar como uma vadia para capturar o peixão? Não, mas muitos homens gostam dessa abordagem, mesmo que nunca admitam isso para você ou para as irmãs deles. Como você deve se comportar vai depender de quão bem estudou seu peixão, de quão bem escutou, do que conseguiu captar dele e do que seu instinto estiver dizendo a respeito dele.

Então, citando J Pow, meu filósofo cambojano favorito, "depende de você".

Só não se esqueça de uma coisa antes de decidir: Brad deixou Jennifer por Angelina, e não foi por causa dos dotes culinários dela...

CAPÍTULO 15

Especular para acumular

PAGUE SUA PARTE DA CONTA. Pausa para o choque e horror. É isso mesmo. Estou sugerindo que o jeito de capturar o peixão é pagar sua parte. Corrigindo: não é uma sugestão. É uma ordem. Sob nenhuma circunstância permita que ele pague por você. Não se esqueça de sempre ter dinheiro vivo e cartão de crédito em mãos. E use ambos.

Suponha que você está indo encontrar com ele em um bar para tomar alguma coisa, e depois vocês vão jantar em um bom restaurante logo na esquina. Ele já está lá quando você chega, e já pediu uma garrafa de champanhe ou *pinot noir*. Então ele já foi mais rápido que você. Isso quer dizer que o jantar será por sua conta. Espere um segundo! Você está dizendo que, se ele paga pelas bebidas, eu pago pelo jantar? Mas isso vai sair muito mais caro para mim do que as bebidas foram para ele. Correto. Faça isso. Pague. Se for necessário, peça licença para ir ao banheiro antes de pedir o café, dê seu cartão de crédito para o garçom e diga para ele cobrar o jantar nele, não importa o que o peixão diga ou faça. Diga isso com intenção verdadeira. Quando chegar a hora de assinar o recibo ou colocar sua senha na máquina, faça-o sem pensar ou se importar. Então olhe para o peixão, sorria e agradeça pela noite maravilhosa.

Esse simples gesto vai deixar a impressão mais forte que uma mulher pode deixar. Ele passa por cima das normas sociais, vai confundir o peixão e deixá-lo atônito; assim que ele se der conta, as calças dele terão caído em uma velocidade inimaginável, de tão impressionado que ele vai ficar. É um gesto que vai destacá-la do resto, colocá-la numa categoria toda sua e estabelecê-la na mente dele como o mais raro dos animais: uma mulher que contribui, em vez de uma mulher que só toma.

Pense sobre a mensagem que isso manda para ele. Diz que você é justa. Diz que você não está tirando vantagem dele. Diz que você não é interesseira. Diz que você o valoriza e a companhia dele. Diz que você não é uma puta. Diz que você não o vê como um vale-refeição. Diz que você não precisa que ele provenha. Diz que você é diferente de todo o resto, e a deixa na liderança.

Vamos dar uma olhada no impacto que esse gesto tem nele. Ele vai embora pensando que não pode comprar você. Que você não está à venda. Que você se respeita, além de respeitá-lo. E isso vai fazer com que ele queira você. Não para uma noite de diversão cheia de desejo. Não para um lance rápido. Ele vai ficar tão impressionado com seu gesto que automaticamente vai começar a pensar que encontrou a Mulher Ideal, a alma gêmea dele, a mulher com quem vai ter filhos e envelhecer. Aqui está uma garota diferente. Uau. Essa é para casar. E a parte do cérebro que produz o hormônio que faz os homens ficarem estupidamente apaixonados vai começar a bombear quantidades maciças dessa droga do amor na corrente sanguínea dele, e assim ele estará apaixonado num piscar de olhos.

Você não deve estar acreditando em mim. Soa improvável. Então você quer dizer que tudo o que eu tenho de fazer é pagar o jantar e isso vai fazer com que ele se apaixone por mim, queira ser o pai dos meus filhos, compre um baita automóvel utilitário 4×4 alemão, uma casa enorme, e pague por tudo pelo resto da minha vida? Aham. Mas por que isso? Porque você é diferente do resto. É claro que você também terá de seguir todas as outras regras estabelecidas aqui, mas essa é uma peça importante do quebra-cabeça. Pule a regra de Pagar Sua Parte e o custo será muito mais alto.

A coisa engraçada de pagar sua parte, de ser generosa, de ganhar seu próprio dinheiro e usá-lo, é que, quanto mais você gasta com seu peixão, mais ele acabará gastando com você. Gaste cinco reais agora, ganhe 50 reais de volta no futuro. Você deve encarar tais gastos como investimentos. É meio como jogar no mercado de ações. Exceto que o retorno será muito melhor. E você não vai sair perdendo nesse caso.

Lembre-se de gastar seu dinheiro, mesmo que você não tenha muito sobrando. Se o peixão for um pouco inteligente, ele já terá calculado qual a sua renda provável por meio da sua casa e carro e das roupas que você veste. Se ele suspeitar que sua renda está em um nível que faz com que a conta do jantar seja um pouco dolorosa, a admiração dele por você só tem de aumentar. Ele terá certeza de que você gosta mesmo dele. E isso é uma coisa boa para ele pensar.

Eu já disse que essa estratégia funciona porque a separa da concorrência. Ele vai olhar para você e pensar que tirou a sorte grande, que encontrou uma parceira para a vida. E não termina aí. Da próxima vez que ele estiver falando com os amigos sobre você durante um jogo de golfe, ou quando seu nome surgir enquanto ele estiver tomando umas cervejas depois do trabalho, ele terá muito prazer em contar para todos que você pagou um jantar para ele. E por que isso? Porque essa ação mostra para os outros caras que esse amigo deles — o seu peixão — deve ser muito especial mesmo. Afinal, tem mais alguém na mesa que possa contar alguma história parecida? Quase certo que não. A fofoca de que a nova garota em cena — você, no caso — é realmente especial vai se espalhar. Assim como a notícia que você gosta muito do peixão. O peixão vai ficar com o orgulho inflado. Os outros caras vão invejá-lo e admirá-lo. E todos eles vão querer conhecer você.

Da próxima vez que o peixão estiver no shopping ou passando por uma loja de joias ele talvez simplesmente fique tentado a entrar e escolher um badulaque chique ou dois para dar a você de presente no próximo jantar — que será pago, é claro, por ele.

Seja lá quanto você gaste nele, a quantia vai voltar para você dez, vinte ou até mil vezes mais. E vai ajudar a garantir que você fisgue bem o peixão. Isso parece algo em que valha a pena investir o preço de um jantar?

As mulheres costumam cometer o erro de pensar que, como é costume o cara pagar, ele quer pagar e se sente um homem de verdade quando o faz. Errado. É claro que há um monte de idiotas por aí que se sentem assim. Eles também são o tipo que tende a comprar um carro esporte vermelho e usar boné de beisebol ao contrário já no auge da meia-idade. Não estamos falando aqui de uma espécie de peixão. Talvez até seja um peixe das profundezas com um sabor decente, mas sem dúvida não se trata de um Rei dos Mares, como são os peixões. Se você estiver satisfeita com um linguado ou vieira, pode deixar o otário pagar absolutamente tudo, mas não venha reclamar depois, quando estiver morando no fundo do oceano em vez de próximo à superfície, onde o sol brilha com vividez.

Há muitos exemplos de mulheres que se dão bem o suficiente sem nunca sequer colocarem a mão na bolsa para pagar sua parte. O problema para elas é que isso só as leva até certo ponto, e nesses casos em geral o homem já as tem na mão de qualquer jeito, ou seja, assim que sua aparência de troféu começar a desvanecer ou um modelo mais novo aparecer, o cara vai trocá-la. Jogue do meu jeito e você terá o cara enquanto quiser.

É fundamental não ser óbvia demais com sua estratégia aqui. Se o cara desconfiar que você está fazendo um cálculo mental do próprio dinheiro gasto *versus* o dinheiro recebido dele, vai fugir. Ninguém, nem mesmo um tapado, gosta de ser manipulado. É humilhante. Então faça isso direito. Já vi mulheres oferecerem seu cartão de crédito, como se fossem pagar, mas sabendo que a oferta seria recusada. Seja cuidadosa. O cara pode facilmente testar a água e pegá-la blefando, e permitir que você pague. Então não se ofereça para pagar se não puder fazê-lo. Da mesma forma, sempre tenha um pouco de dinheiro vivo consigo. Uma tarde eu estava em um táxi subindo a Park Lane com uma mulher. Nós tínhamos almoçado e eu havia pagado pela refeição. Estávamos indo para uma exposição em uma galeria de Mayfair, outro programa que eu tinha organizado. Quando percebi que estava com pouco dinheiro para a corrida e pedi para ela 10 libras para completar o valor, ela olhou na bolsa e não tinha o dinheiro necessário. Ela não tinha nem 5 libras. Em outra ocasião, ao final de outro encontro com uma mulher diferente, eu a deixei na estação de trem para que ela encontrasse o caminho de casa. Não tinha ficado muito impressionado com ela e não tinha vontade nenhuma de vê-la de novo. Ela ficou surpresa ao descobrir que não voltaria para casa comigo e, conforme descobrimos, estava despreparada e impossibilitada de pegar o caminho de volta para casa porque não tinha um centavo sequer consigo. É claro que eu rapidamente dei uma nota baixa para essas duas mulheres, mas em uma reflexão posterior tive de me cobrar também, porque era óbvio que ambas estavam jogando comigo, aproveitando-se de mim e me usando para conseguir o que pudessem. Essa não é uma sensação agradável. Aprendi algo com as duas experiências, mas suspeito que nenhuma das mulheres tenha feito o mesmo. É provável que ambas ainda estejam se aproveitando de caras, mas terminando sem ter muito para mostrar quando tudo está dito e feito.

Outra mulher que conheço estava nos estágios iniciais do romance com um homem muito bem-sucedido quando um dia ele ligou para ela e disse que estava passando por um pequeno aperto financeiro, e precisava pegar dinheiro emprestado rapidamente. Ela emprestou 10 mil libras para ele. Era uma bagatela para ele, mas eram todas as economias dela. Ela conseguiu seu dinheiro de volta em duas semanas. Ele se apaixonou por ela. Depois, quando se casaram, ela pagou por toda a celebração. Na época ele estava com problemas de liquidez novamente. Quinze anos se passaram desde então, e hoje eles têm quatro filhos, um jatinho particular, diversas propriedades multimilionárias e um estilo de vida cinco estrelas. O marido dela, que estava acostumado a se relacionar com muitas mulheres extremamente atraentes antes de conhecer sua esposa, contou para mim que o empréstimo em curto prazo tinha feito com que ele distinguisse a mulher com a qual ele poderia acabar se casando dentre todas as garotas com quem estava saindo. Ele ficou bastante impressionado. E ela capturou o peixão como resultado.

Não há motivo para ser tola com essa estratégia. Não estou falando para você pagar tudo ou se empolgar com as despesas só porque receberá dez ou vinte vezes mais do que o valor que gastará. A ideia toda aqui é dar a você uma vantagem sobre a concorrência. Fazer você se destacar da multidão. E o dinheiro evoca sentimentos poderosos na maioria das pessoas, nos níveis consciente e subconsciente. Um cara pode até querer se fazer de gastador para causar uma boa impressão, mas isso não significa que ele queira ser sacaneado, feito de bobo ou sentir que não dão valor a ele. Mostrando que você pode e de fato paga as coisas ocasionalmente, está dando a ele a sutil garantia de que é diferente do resto, e assim o prendendo no anzol um pouco mais. Um dia você vai querer esse anzol tão preso quanto possível; falaremos mais sobre isso depois.

CAPÍTULO 16

Um sonho realizado

A BELEZA ESTÁ NOS OLHOS de quem vê. Todo mundo sabe disso. No entanto, fico continuamente surpreso com as diferenças óbvias em gosto que existem entre os homens quando se trata de comparar as mulheres de acordo com sua aparência.

Alguns caras gostam de garotas magrelas, outros que suas mulheres tenham fartura na região traseira. E aí há todo o enigma dos peitões — muitas mulheres vão e colocam silicone apesar de seus maridos e namorados implorarem para elas não tomarem essa atitude.

Nada disso importa de verdade, nem um pouco. E eis o cerne da questão: o cara talvez diga para você que gosta de loiras magrelas, e talvez ele sinceramente acredite nisso. Então surgirá uma oportunidade com uma morena de contornos mais cheios e, desde que ela diga e faça as coisas certas na hora certa, ele ficará encantado. Olhe ao seu redor e pense um pouco sobre as pessoas com as quais você convive. Aposto que conhece casos em que um amigo termina um relacionamento longo com um tipo de pessoa, e aí seu próximo relacionamento acaba sendo com alguém que não poderia ser mais diferente do que a pessoa anterior. Diferente em termos de aparência, diferente em termos de personalidade, nos interesses, no senso de moda, no humor, no gosto musical, no gosto em comida, em bebida, em entretenimento — eu poderia continuar listando.

Como isso é possível, você deve estar imaginando. A resposta é que somos todos muito mais flexíveis do que pensamos no que diz respeito ao que realmente achamos atraente. O que significa que temos uma cabeça muito mais aberta no que diz respeito a por quem nos apaixonamos do que jamais poderíamos imaginar. Estive apaixonado quatro vezes na vida adulta. As mulheres não poderiam ser mais diferentes umas das outras em termos de aparência. À época, porém, eu achava cada uma delas atraente demais. Agora, embora seja verdade que elas eram todas muito diferentes umas das outras, a coisa que elas todas tinham em comum era o interesse em manter uma boa aparência. Embora nem todas fossem belezas deslumbrantes, todas elas pareciam meu sonho realizado naquele momento. Eu nem acreditava na minha sorte. Um cara como eu, com uma garota daquelas. Uau.

Por isso repito: fico constantemente surpreso quando saio à noite e vejo mulheres que não se esforçaram nem um pouco. Ou é isso ou elas não se olharam no espelho para determinar se o conjunto funcionava ou não. *Leggings* são incrivelmente reveladoras. É claro, entendo que elas sejam incrivelmente confortáveis e tudo mais. Entretanto, olhem só, garotas: deixem a opção do conforto para quando fizerem uma festa do pijama em casa com sua melhor amiga. Quando sair para pescar, se o desconfortável ficar mais bonito e fizer com que o peixão dê uma mordidinha, você deverá ficar desconfortável.

Rabo de cavalo. Você não pode estar falando sério.

É simples: você nunca sabe quem vai conhecer. E não sabe quando o peixão vai deslizar para dentro do seu campo de visão. Então você saiu para beber com uma amiga, só vocês duas, e você está no bar pedindo bebidas quando chega um dos grandões. Ele está ótimo. Você está tão perto que consegue sentir o cheiro do desodorante dele. No entanto, você está com alguns quilinhos a mais do que seu peso ideal por ter exagerado no Chardonnay durante o verão, e hoje saiu com sua calça *legging* mais confortável, e levando tudo isso em conta acabou nem se incomodando em arrumar o cabelo, só o prendeu de qualquer jeito, todo bagunçado. Um visual que dificilmente será considerado cativante. E por causa de tudo isso você não está alçando voo com seu nível de confiança natural, e leva um pouco de tempo para pensar em algo para falar ou fazer, para assim começar alguma coisa com ele. Por causa desse atraso e da forma como está vestida, ele foi embora e o momento passou. Você estragou tudo.

Ah, se você apenas já tivesse o hábito de sempre estar com a melhor aparência possível... Mesmo que esteja um pouco acima de seu peso ideal, estará usando algo que disfarça esse sobrepeso, em vez de uma calça *legging*, que o acentuaria. Você parou por um tempo para fazer alguma coisa — qualquer coisa — com seu cabelo, em vez de amarrá-lo para trás. Se você tivesse feito todas essas coisas, a conversa talvez tivesse fluído quando a chance se apresentou, e você iria para casa com ele, esperançosa de ter mais uma chance com o peixão quando fossem se encontrar para tomar algo mais tarde naquela semana, porque vocês trocaram contatos depois de um papo rápido.

Essas coisas são frágeis. Ou elas acontecem facilmente ou tudo se torna complicado e não flui. Você sabe do que estou falando. E é uma coisa animal. Você se sente bem a respeito da sua aparência, as oportunidades surgem por causa da energia que você está emanando e, opa, o peixão vem até você. Se você não estiver com uma aparência muito boa, a energia não será muito boa e os peixes se afastarão, vão sair procurando iscas mais saborosas em outros lugares. A diferença está em como você está arrumada e como se sente em consequência disso. Não precisa de muito para acertar o visual. Basta um pouco de esforço e um pouco de disciplina. A diferença do resultado de fazer isso direito contra fazer errado é imensa. Pode inclusive mudar uma vida.

Em um capítulo anterior, mencionei a Garota Divertida. Essa mulher nunca sai de casa sem estar com uma aparência de 1 milhão de dólares. Há de se reconhecer que ela já é uma mulher muito bonita para começo de conversa. Ainda assim, ela teve uma doença muito séria, está com alguns quilinhos a mais e não tem muito dinheiro para gastar com roupas caras ou tratamentos estéticos. Apesar de tudo isso, ela parece estar sempre pronta para entrar em um cenário de filmagem: seu cabelo está sempre arrumado, suas roupas são sempre estilosas e estão muito bem combinadas, suas unhas estão sempre feitas, e ela completa o conjunto com uma ou duas joias distintas, apesar de baratas. Quer ela entre em um bar pé sujo em Camden ou em um restaurante exclusivo no West End, está sempre lá a negócios e com a melhor aparência possível. Quando surge uma oportunidade e ela tem a chance de trocar algumas palavras com um peixão, o pobre cara quase não tem chances. Como resultado disso, ela morou com uma estrela do rock muito famosa por anos, antes de dar um pé nele e passar para uma estrela da TV, e ela já teve todo tipo de homens famosos e bem-sucedidos parados na porta do seu prédio à noite, implorando para ela os deixar subir para conversar. Lembre-se de que estamos falando de uma mulher que não tem nenhum tipo de qualificação em seu nome. Ela nunca teve um emprego de verdade, não tem dinheiro nenhum, não tem casa própria e não pode ter filhos. Ainda assim, ela tem homens de todas as idades aos seus pés, implorando por uma chance de fazerem parte da vida dela.

Se alguém disser a você que precisa ter muito dinheiro, ou roupas caras, ou qualquer coisa além de um sorriso, uma boa personalidade, entusiasmo pela vida e uma boa atitude para capturar um peixão, então essa pessoa devia conhecer essa mulher. Os homens a levam para viajar e pagam por tudo. Ela não tem um mísero centavo, mas vai sempre pagar a primeira bebida. Tudo o que ela tem, ela dá. E está sempre com uma boa aparência.

Faça exatamente a mesma coisa e será muito bem recompensada por isso.

CAPÍTULO 17

Escute com atenção

ESCUTE O QUE ELE DIZ. Não apenas preste atenção, mas realmente escute o que ele está falando.

Imagine que você tem uma prova daqui a dois meses e tem de aprender tudo o que puder a respeito de determinado assunto antes disso. Se passar na prova, sua vida vai mudar completamente. Se reprovar, vai continuar como está.

Ou seja, a verdadeira questão é quanto você quer que as coisas mudem. Você quer tirar uma nota dez ou se dá por satisfeita com uma nota dois?

Se decidir que vai correr atrás da medalha de ouro, então é só uma questão de se aplicar.

Meu avô me contou a história do melhor jogador de damas do mundo. Você se lembra daquele jogo do tabuleiro xadrez? Era divertido, mas ficava meio entediante depois de um tempo, em especial se aparecesse algo realmente divertido para fazer. Entretanto, você já viu um jogador bom de verdade em ação? Uau. Eles literalmente destroem seus oponentes, movendo-se para a frente e para trás e tomando as peças do outro cara com a maior facilidade do mundo.

O Campeão de Damas era bom porque se aplicava. Ele estudou o jogo, e isso era tudo o que ele fazia. Era por isso que ninguém conseguia ganhar dele.

Se você estudar o comportamento do seu peixão, será igualmente bem-sucedida em suas várias viagens de pesca. E escutar bem é o primeiro passo para se tornar uma especialista no seu peixão.

Escute tudo que ele diz. Absorva as informações. E lembre-se de tudo também. Para fazer isso, será necessário que você se abstenha de falar sobre si mesma. Isso pode ser difícil para muitas pessoas, mas é essencial saber quando falar e quando apenas escutar.

Muitos amigos meus fazem um relatório depois de saírem com uma mulher. Geralmente escuto sobre quão bonita a mulher do encontro em questão era, sobre o que ela estava vestindo, sobre a cor do cabelo dela, a altura e coisas do tipo. Falando de modo geral, os homens gostam de se vangloriar para outros homens sobre quão atraentes são as mulheres com quem saem, mesmo que não seja verdade. É uma coisa de ego masculino, acho eu. Então pergunto como foi e se eles vão ver a garota de novo. A resposta que recebo é sempre uma longa pausa, seguida por uma inclinada de cabeça e um "não tenho certeza".

Você deve estar se perguntando: se ela era tão atraente, como é possível que ele não esteja em cima dela com reservas para jantar, convites para o cinema e ingressos para assistir balé?

Com bastante frequência, parece que o encontro consistiu da garota falando sem parar sobre si mesma. Sobre o trabalho dela, sobre os filhos dela, o ex-marido ou ex-namorado, sobre os problemas do trabalho, os problemas com certos membros da família, sobre o divórcio, sobre os problemas financeiros... Bom, acho que deu para entender. O cara, que era educado, ficou lá sentado escutando, e quando tudo estava dito e feito ainda pagou a conta. Aparentemente, o mais comum é que a garota do encontro não tenha se oferecido para pagar nem tido a cortesia de agradecer.

Um pobre cara que conheço levou uma garota para uma sessão de cinema cedo, pela qual pagou, e depois para jantar em um caro restaurante italiano em uma saída de Kings Road, em Londres. Quando chegou a hora de escolher o vinho, eles pediram um branco, apesar de o cara não gostar muito de vinho branco — a garota gostava, afinal. Durante um jantar de três pratos, a garota falou sem parar sobre sua família e seu emprego. Ela também explicou que estava em um momento "sem homens" por causa de um relacionamento fracassado. Em momento nenhum ela perguntou ao seu peixão em potencial nada sobre ele. Ela só falou, e falou, e falou sobre si mesma. Ela teve até a audácia de falar para ele que, quando tinham se conhecido, ela "não ficou muito a fim" dele.

Quando a conta chegou, ele pagou. Sem oferta da parte dela, muito menos uma contribuição qualquer.

Quando deixaram o restaurante e estavam andando até o carro, ela disse: "Ah, não, eu ia pagar a gorjeta!".

A noite da garota parecia ter sido ótima. Ela foi para casa e no dia seguinte contou para as amigas que esse cara bonito, rico e solteiro a tinha levado para um ótimo jantar em um ótimo restaurante, onde ela pediu tudo o que queria. E o cara era ótimo também, porque ele foi muito atencioso e ouviu tudo o que ela disse, e pagou por tudo também.

Então ela esperou pelo próximo convite. E esperou. E esperou. Depois de cerca de um mês esperando, ela não aguentava mais. Afinal de contas, ela era uma mulher de 40 anos com um ótimo senso de humor, o corpo de uma mulher dez anos mais jovem, era muito bonita, e ainda assim ele não tinha entrado em contato. Será que ele tinha perdido o número dela? Talvez ele estivesse doente, ou viajando a negócios, ou com a família dele, ou com a filha. Ela precisava saber.

Ela entrou em contato com ele por mensagem de texto: "Por que você não ligou?".

O cara recebeu a mensagem e pensou que a vingança realmente é um prato que se serve frio. Ele ficou tentado a falar que a razão para isso é que não estava pirando muito com a perspectiva de outra noite que lhe custaria 250 libras, pelo prazer de tomar um vinho de que ele na verdade não gostava, com uma mulher que não ligava para o que ele gostava, ou de escutar alguém falar sobre si mesmo e seus problemas durante a maior parte de três horas.

Ele pensou a respeito um pouco mais e respondeu com a seguinte mensagem: "Estava esperando você me ligar".

A verdade é que ele a achava muito atraente. Ela era engraçada, espirituosa e muito bonita. No entanto, uma noite fora com ela girava exclusivamente em torno dela. Ele era apenas uma carteira ambulante.

Depois de três encontros com essa mulher, ele não tinha muita certeza de que ela soubesse seu nome completo. Ela não tinha perguntado nada sobre ele além de onde ele morava, o que fazia da vida e qual a altura dele.

Com uma estratégia como essa, ela não chegará longe na competição de pesca de peixões.

Aquele homem estava sujeito a ser feito de bobo. Ele tinha saído de um relacionamento que havia azedado havia cerca de seis meses, as feridas tinham acabado de curar, e ele estava pronto para começar do zero. Eis que surge essa mulher muito bonita, e ele resolve fazer uma tentativa, e então se decepciona ao conhecer mais uma mulher que só fala sobre si mesma.

Se você quiser que seu encontro tenha um resultado mais satisfatório, é melhor fazer perguntas sobre ele.

E depois deixá-lo falar.

A maioria das pessoas gosta de falar sobre si mesma quando acha que tem uma plateia interessada. Você pode fazer isso funcionar a seu favor. Pergunte a ele que tipo de filmes gosta de assistir. Pergunte se gosta de tomar vinho tinto ou branco. Pergunte se prefere comida italiana ou tailandesa. Pergunte sobre o trabalho dele, os amigos dele, a família dele, suas intenções, sua situação, suas férias, sua vida.

É bem provável que ele fale, e fale, e fale, e ele vai amar você por escutá-lo.

C A P Í T U L O 1 8

Um rápido parêntese

O TEMPO É PRECIOSO, E tempo é dinheiro.

Por isso, você não pode perder tempo com os caras errados.

Não me entenda mal, às vezes os caras errados são os mais divertidos. Entretanto, você está aqui para capturar o peixão, então é você que precisa estar na posição de pescador. Tome cuidado para não ficar presa na isca de outra pessoa.

Lembre-se de que há outros homens por aí que estão fazendo um jogo similar ao seu. Eles não necessariamente estão procurando por alguma provedora, mas gostam muito de mulheres, em especial das bonitas. Eles gostam de sexo, e costumam ser muito bons nisso. Esses são os caras que você deve evitar.

Eles usam diferentes disfarces, mas pertencem a uma espécie chamada Homens Miragem. Eles parecem bons, porém basta olhar de perto para descobrir que não é o caso.

A variedade mais básica de Homem Miragem dirige um carro espalhafatoso, veste roupas de marca, tem um cabelo bem cuidado, conhece todos os lugares certos e usa todas as drogas certas. Só que esse carro provavelmente é financiado, o trabalho e as verdadeiras perspectivas de salário dele não são brilhantes, ele passa tempo demais se olhando no espelho, todos os amigos dele são traficantes para quem ele deve uma grana. Ou seja: muito brilho, quase nada de dinheiro.

O Homem Miragem mais sofisticado atua de forma muito melhor. Ele faz alusões às suas *holdings* imobiliárias, aos seus muitos negócios e à sua carteira de ações. Ele se veste de forma mais conservadora e dirige um carro bacana, mas nada exagerado. O problema com esse tipo de homem é que as casas todas têm hipotecas pesadas, os negócios dele estão presos no banco, e todas essas coisas serão utilizadas para financiar as transações que ele faz no mercado de ações, que talvez não esteja indo muito bem. Entretanto, ele não vai contar isso para você.

Com o cara espalhafatoso, não sobra muito dinheiro para prover você depois que ele compra todos os produtos para cabelo e roupas de marca de que precisa. Com o conservador, qualquer coisa que ele realmente ainda tenha provavelmente irá para a ex-mulher como pensão — depois que todos os empréstimos forem pagos, claro.

Lembre-se de que Donald Trump era um bilionário negativo confesso quando as pessoas achavam que ele estava cheio da grana. Alan Bond, o magnata australiano que venceu a America's Cup, criou o hábito de dar suas maiores festas quando estava passando pelas maiores dificuldades financeiras de sua vida.

Esses são alguns exemplos do que há por aí e do que pode iludi-la. Há muitos peixes que aparentam ser um peixão, mas eles não são a coisa real, e você precisa evitá-los a todo custo. Eles vão fazer com que você caia na deles com um bom jogo, e você vai perder muito tempo, talvez até se apaixone — eles são bons assim. Ou seja, tome cuidado.

Você precisa descobrir exatamente com quem está lidando, e rápido. É fácil dar uma verificada nas pessoas hoje em dia.

Se esse cara diz que frequentou uma universidade de elite, descubra se ele está falando a verdade. Jogue o nome dele no Google e veja o que aparece. Pergunte coisas para os amigos dele, como há quanto tempo eles o conhecem, se ele é um cara legal, o que aconteceu com seus relacionamentos anteriores e se ele é bom no que faz. Se possível, descubra o nome da ex dele e veja se é possível entrar em contato com ela através de conhecidos em comum. O restante vai se resumir a experiência e instinto. Se o seu sexto sentido para pessoas não for muito bom, peça a uma amiga cujo instinto funcione que dê uma olhada e diga o que acha.

Tenho uma amiga que conheceu um cara bem apessoado e ainda por cima extremamente bem-sucedido. Ele era médico, e tinha sido um dos pioneiros da indústria de cirurgia a laser. Ele tinha um negócio cirúrgico de ponta, três casas imensas em locações maravilhosas e estava aposentado. A história que ele contava era que estava querendo começar um novo negócio no campo de células-tronco e que poderia curar qualquer doença com essa nova tecnologia da ciência. Ele não estava fazendo isso pelo dinheiro, porque já tinha bastante. Estava fazendo em benefício da humanidade.

Era uma boa história. Bem plausível, e ele parecia ser confiável.

Então ela se envolveu com ele. Acreditou em tudo o que ele disse. Ela achava um pouco estranho que ele fuçava no telefone dela à noite, enquanto ela estava dormindo. E que ele passava muito tempo no escritório dela, sem dúvida mexendo em sua papelada pessoal. Ela era uma mulher rica.

Certa vez, ouvi falar que ela tinha ido passar o fim de semana esquiando, a convite dele. Ela voou mais de três mil quilômetros para ficar com ele em sua casa-troféu em Aspen. Ela me ligou no sábado à tarde. Disse que estava passando o dia esquiando, sozinha. Seu namorado tinha ido embora no sábado de manhã cedo, para pegar um voo para uma reunião na Califórnia. E disse também que estava ligando do próprio celular, apesar do fato de eu estar na Itália, porque os telefones da casa não funcionavam. Nem o computador dele.

As coisas não faziam sentido nenhum.

Ela descobriu depois que na verdade ele tinha ido a Los Angeles para um jantar. Ele disse que não podia chamá-la para ir junto porque só tinha um convite. Como diria minha avó, até parece.

Ela continuou com ele por muito tempo, desperdiçou tempo demais.

No fim das contas, o cara tinha falido dez anos antes. Um amigo médico o colocou em seu negócio e ensinou a ele tudo o que havia para saber sobre cirurgia a laser na coluna. E o Homem Miragem retribuiu esse favor saindo de lá e abrindo um negócio concorrente, que deu muito certo.

Infelizmente para ele, ele então usou seu negócio para pegar 10 milhões de dólares emprestados para comprar uma casa. Isso foi no auge da especulação imobiliária. Quando a bolha estourou, a casa passou a valer cinco milhões. Ele estava traindo a esposa, pela enésima vez, que o botou para fora de casa. Por fim, ele fez uma cirurgia em um atleta famoso. A operação não foi bem-sucedida e o atleta o processou, e o caso apareceu nos jornais e na internet. A publicidade ruim atingiu seu negócio com força.

Na época que ele conheceu essa amiga minha, ele era um milionário negativo com uma carreira acabada. Sua esposa logo seria recompensada com milhões no acordo de divórcio, a casa enorme ficaria com ela também, e o banco acabaria levando seu negócio, que tinha sido utilizado como garantia adicional contra a hipoteca da casa. Sua reputação profissional estava em frangalhos. O negócio das células-tronco era um golpe. Ele estava querendo ludibriar investidores inocentes a dar milhões para ele em troca de uma ação na nova empreitada. E se alguém perguntasse a ele porque não tinha investido ele mesmo no novo negócio, ele dizia que estava se divorciando e não podia. Se um investidor sério desse uma olhada e começasse a fazer as perguntas certas, logo saía andando.

Quando essa amiga minha enfim descobriu a verdade, ficou chocada.

O que aconteceu foi que um dia o tolo tinha ido à casa da mulher e usado um pouco o computador dela "para trabalhar", disse ele. Assim que ele foi embora, ela foi trabalhar um pouco no computador e descobriu que seu namorado, não sendo muito bom com tecnologia, tinha minimizado telas por engano, em vez de apertar o botão de fechá-las. Ou seja, tudo o que ela tinha a fazer era clicar em cada janela e ver o que ele estava aprontando enquanto ela fazia biscoitos para seus filhos.

E a verdade era chocante.

Ele estava em um site de relacionamentos para supostos milionários.

Mais especificamente, ele estava em um site que apresenta homens ricos e mais velhos a jovens modelos e estudantes que precisam de assistência financeira.

E ele tinha outra namorada. Ela era uma cineasta que buscava financiamento para um filme. Ele tinha prometido muito, mas não tinha cumprido nada. Os e-mails trocados entre eles mostravam que ela estava ficando cansada das desculpas dele e das ofertas de apresentá-la para pessoas que financiariam seu filme, mas só se ela desse para ele o papel principal.

A simples verdade é que ele era pior que falido, apesar das grandes propriedades, dos Hummers, dos brinquedinhos de menino e dos negócios.

Ele estava tentando dar um golpe na minha amiga para pegar o dinheiro dela, talvez até roubá-lo. E estava tentando dar um golpe em sua outra namorada para se tornar uma estrela do cinema.

Então faça sua lição de casa antes de decidir investir tempo e esforços demais em um peixão em potencial. Tenha certeza de que ele é quem está dizendo ser. Lembre-se: se parece bom demais para ser verdade, provavelmente é mentira.

Descubra com quem você de fato está lidando, e rápido. Se as coisas não se encaixarem, saia de cena enquanto o prejuízo ainda é baixo.

O mar está cheio de peixões.

CAPÍTULO 19

Não se esqueça

PENSE A RESPEITO POR UM momento. Digamos que você conhece alguém novo e vocês se dão bem. Você tem uma longa conversa e, como às vezes acontece quando a pessoa lhe dá uma sensação boa desde o começo, você se abre um pouco mais que o normal e conta muito sobre si mesma. A conversa simplesmente flui, é fácil falar. E a outra pessoa está escutando, mas não está falando muito.

A conversa chega ao fim porque um de vocês dois tem de ir embora. Vocês trocam contatos e combinam de se encontrar de novo.

Mais tarde naquele dia, você começa a se perguntar se falou demais, se contou um pouco demais sobre si mesma para essa pessoa que nem conhece direito. Você se sente envergonhada. Afinal, esse é um completo desconhecido e, ainda assim, você revelou alguns detalhes bem íntimos. Mas aí você pensa a respeito um pouco mais e decide que sua impressão dessa outra pessoa foi realmente boa, então por que não? O que você tem a perder?

Enfim, algum tempo depois você encontra essa pessoa de novo, e vocês retomam do ponto onde tinham parado. Você se abre e revela mais algumas informações privadas a seu respeito. Afinal, já decidiu que não tem problema nenhum nisso. Assim, você fala tão livre como antes.

A conversa, que é relativamente unilateral porque você está tomando conta de grande parte dela, toda hora volta para algo que você disse no primeiro encontro. Nesse momento você percebe que seu novo amigo se esqueceu de algo que disse no papo anterior. E não é algo sem importância nem algo sobre si mesma que você tenha contado para muitas pessoas.

Um pequeno alarme apita. Você subitamente começa a se perguntar quem é essa pessoa, o que você disse e talvez não devesse ter dito, e fica um pouco temerosa a respeito de quanta informação essa pessoa pode lembrar e usar contra você de alguma forma.

Não é uma sensação bacana.

Agora, imagine o desenlace oposto. Imagine que seu novo amigo lembrou tudo o que você contou sobre si mesma. E em vez de isso arrepiar os pelos na sua nuca, você na verdade se sente bastante lisonjeada. Lisonjeada porque aqui parece que esse novo amigo seu não só a escutou como o fez com interesse — e também se lembrou de tudo.

Se você conseguir se lembrar de tudo o que seu peixe te contar, já estará com meio caminho andado para trazer esse peixe para terra firme e preparar a grelha.

As pessoas podem fingir interesse e fazer de conta que estão escutando. Na verdade, algumas pessoas são muito boas nisso. Mas não se esquecer de tudo aquilo que foi dito é uma coisa completamente diferente.

O efeito que essa lembrança pode ter em quem está falando é significativo. A pessoa que está falando vai gostar de você por escutá-la e vai amá-la por lembrar.

Escutar de verdade o que alguém tem a dizer, não se esquecer dessas coisas, e depois reproduzi-las de volta em um encontro posterior é uma habilidade que vale a pena desenvolver quando se trata de pescar peixões.

Isso eleva o nível de intimidade mais do que qualquer outra coisa, inclusive sexo. E intimidade é o nome do jogo. Você quer que seu peixão se sinta mais íntimo de você do que se sentiu com qualquer outra pessoa que ele já tenha conhecido no sentido romântico.

Apesar dos boatos em contrário, amplamente inspirados em estereótipos propagados pela mídia, os homens são mais românticos que as mulheres. Eles não querem admitir porque essa não é uma característica considerada viril, mas os homens querem se apaixonar, querem cortejar uma mulher, e eles o fazem.

Diversas mulheres solteiras dos meus círculos fazem exatamente o oposto. Elas podem ser boas de papo e parecerem muito românticas, e talvez acreditem mesmo nisso. Quando você observa o comportamento delas, porém, vê que não são nem um pouco românticas. Elas gostam de estar no lado que recebe o romance, mas não fazem nada para desenvolver ou nutri-lo nem nada para sustentá-lo. Parece haver uma crença, equivocada na melhor das hipóteses, que é trabalho do homem ser romântico, fazer todo o cortejo e os galanteios, comprar as flores, fazer a reserva em um belo hotel, organizar o jantar à luz de velas em um restaurante. A única coisa que a mulher tem de fazer é se deixar bonita, aparecer na hora e aceitar o que lhe é oferecido.

Isso tudo parece muito romântico para a mulher, mas e quanto ao cara? Foi ele quem organizou tudo, depois de pensar no que fazer e aonde ir. Ele pagou tudo. Isso dá bastante trabalho. Requer reflexão e consideração. E o que ele fizer dirá muito sobre ele: vai revelar as noções dele do que significa ser romântico e de como o romance deve ser expresso. Então existe uma pressão enorme em cima do cara para que ele acerte. Está tudo bem desde que isso seja apreciado. Se ele sentir que você não está lhe dando valor, cria-se uma abertura para problemas.

Agora imagine o impacto que tem no homem se a mulher resolve pensar, organizar e — pausa para o choque e horror — de fato pagar pela noite romântica. Além de tudo, imagine se ela o escutar com atenção e, esperta, fizer com que ele perceba que ela lembra tudo o que ele disse sobre si mesmo e que tem uma natureza profundamente pessoal.

Uau. Que impacto teria. Agora imagine se a mulher o fizer mais de uma vez.

De repente, de perdida em algum lugar no bando de mulheres ao redor das quais esse peixão está nadando, súbito você irrompe e nada livre delas. Você vai encontrá-lo nadando ao seu lado, e bem perto de você.

A parte engraçada é que você nem precisa fazer muita coisa. A maioria das mulheres solteiras não faz esforço nenhum. Na verdade, elas quase parecem fazer de tudo para se vestir e adotar uma conduta que diga a qualquer homem em sua proximidade que não estão interessadas em absolutamente ninguém. Que elas não querem conhecer ninguém, e que qualquer um que possam conhecer está tão abaixo de seu nível que elas não perderiam nem cinco minutos com ele.

Essa é uma das razões pelas quais há tantas mulheres solteiras sentadas em casa depois do trabalho martelando as teclas de seus computadores enquanto acessam seus perfis em sites de relacionamento, no qual todas descrevem si mesmas e aquilo que procuram da mesma maneira sem graça e acabam obtendo os mesmos resultados pífios.

Se você quer romance, e se quer um homem romântico, o melhor jeito de conseguir é sendo você mesma romântica.

E a coisa mais romântica que uma mulher pode fazer é mostrar que ela está interessada e se importa. Não só no Dia dos Namorados, mas o tempo todo. Faça o esforço de ouvir tudo o que o cara disser, descubra o que o empolga e o que o deixa broxado, não se esqueça dessas coisas, e então planeje uma hora, um dia, uma noite ou uma semana que mostre para ele que você escutou e se lembrou de tudo e que, de posse dessa informação, fez algo legal para ele.

Se conseguir fazer isso, poderá ter quem quiser.

Se parece trabalho duro, então pense outra vez.

Pode ser algo tão simples quanto ouvir do seu peixe que ele gosta quando você se veste de certa forma. Que ele adora como você fica com aquela saia lápis e camisa branca engomada. Ou pode ser determinado par de jeans. Se for disso que ele gosta, vista. Talvez ele seja fascinado por Fórmula Truck, mas nunca tenha ido a uma corrida de verdade. Compre um par de ingressos. Você talvez odeie, mas isso só fortalece a impressão que você deixa nele. Talvez ele goste de lanchas extremamente rápidas. Organize e pague por um passeio em uma tarde de sol. Podem ser duas horas dolorosas para você, mas ele vai se lembrar disso para sempre, e também vai se lembrar de quem arranjou isso para ele.

Vamos voltar ao exemplo de Pattaya, na Tailândia, onde as mulheres são especialistas em tratar seus homens bem. Algo que é mesmo um tanto quanto impressionante acontece entre as mulheres tailandesas e os homens Falang — o termo em tailandês utilizado para pessoas ocidentais.

Um homem Falang e uma mulher tailandesa ficam juntos. Uma vez que ela tem um alvo, a mulher tailandesa não perde o foco. Onde quer que o homem Falang vá, ela vai. Seja lá o que ele queira fazer, ela faz. A qualquer hora, de qualquer dia, em qualquer lugar. Não tem nada que ela não faça para capturar seu peixe.

Lembre-se do jogo dela. Ela está procurando por provedores. Idealmente ela quer que sete ou oito homens Falang se apaixonem por ela, voltem para suas casas na Europa Ocidental e mandem para ela milhares de euros todo mês. E isso acontece. Para o olho não treinado, é fácil presumir que a isca que ela usa é sexo. O fato é que ela está usando romance para conquistar seu objetivo.

Lembre-se de que depois que o homem Falang vai para casa, é improvável que ele a veja de novo até que a próxima viagem de 11 mil quilômetros ocorra, e isso talvez só aconteça dali a seis ou sete meses. Contudo, ele vai pagá-la durante todos os meses que estiver na Europa, apesar de não poder fazer sexo nenhum com ela. É o romance, não o sexo, que mantém o encanto vivo e o fluxo de caixa.

Acredite se quiser, mas quando uma mulher tailandesa em Pattaya estabelece afinidade com um Falang, ela ficará contente em ir a um go-go bar cheio de outras dançarinas tailandesas e se sentar tranquilamente ao lado dele enquanto o homem baba nas outras dançarinas com vestuário limitado. E ele vai amá-la por isso. Contará para seus amigos que encontrou a mulher mais incrível de todas. Que ele não precisa fingir com ela, que pode relaxar e ser ele mesmo e que pode fazer as coisas de que gosta sem medo de censura ou crítica.

É claro que a mulher tailandesa não é diferente de você. Contudo, ela está jogando as cartas dela, e está jogando bem. Em vez de sentar e esperar por entretenimento à custa de alguém, como muitas mulheres solteiras fazem equivocadamente, ela está garantindo que ele se divirta como nunca, e tudo por causa dela.

Uma linda mulher tailandesa me contou que tinha passado duas semanas com um francês, e que próximo ao fim dessas duas semanas o homem tinha dito para ela que ia sair naquela noite com alguns amigos para assistir um pouco de boxe tailandês. Ele achava que ela não teria interesse nenhum em se juntar a eles para uma noite de entretenimento no ringue. E é claro que ela realmente não tinha interesse nenhum no boxe, mas, em contrapartida, tinha um interesse significativo em ficar de olho nele. Afinal de contas, ela tinha investido duas semanas de tempo e esforços nesse cara, tinha feito ele se sentir como um rei, e não ia correr o risco, depois de toda essa despesa, de ele sair à noite sem ela e cair na cilada de uma de suas concorrentes.

Ela exigiu ir com ele. Ele recusou. Afinal de contas, pensou ele, ela era só uma garota pobre e ignorante do interior, e ele um homem culto e sofisticado de Paris, com um bom histórico familiar e o mundo aos seus pés. Ele podia ir para a luta sem ela se quisesse, e ela podia ficar em casa e assistir a um filme. Então ele saiu.

No entanto, ela não ficou em casa e assistiu a um filme. Ela entrou em um Baht-bus — uma daquelas pequenas picapes que eles transformam em táxis, nas quais os passageiros se sentam em bancos na caçamba — e foi para a cidade caçar. Ela pegou a Walking Street, foi até o Lucifer's, um bar popular entre solteiros, e deu de cara com ele. Que obviamente não estava na luta, para onde tinha dito que ia, e sim estava dando em cima de outra garota. Ela fez com que ele a visse através do salão, então puxou outro homem e começou a conversar e dançar com ele. Depois, voltou para o hotel onde eles estavam hospedados, arrumou suas malas e foi embora.

Ele ligou e ligou. Mandou mensagens de texto. Muitas. E quando voltou para Paris continuou ligando e mandando mensagens. No entanto, tudo isso não valeu nada. Ela talvez fosse uma garota pobre e ignorante, mas não era uma idiota. E ela sabia muito bem que podia pegar muitos outros homens como ele ou até melhores. E foi o que ela fez.

Essa garota agora é dona de uma fazenda e terras, e financiou diversos negócios para seus amigos tailandeses e familiares, tudo isso patrocinado pelos homens que se apaixonaram por ela. E não porque ela era sexy, mas porque também era romântica. Ela escutava, lembrava e reproduzia tudo de volta. Quando seus muitos namorados, da Austrália, Noruega e Estados Unidos foram para casa, eles pensavam nela e na forma como ela os havia feito se sentir em suas férias de duas ou três semanas.

Qualquer um pode fornecer sexo. Nem todo mundo consegue ser romântico. E a chave para ser romântica é escutar bem, lembrar o que faz um cara feliz e então fornecer exatamente isso.

Não é difícil, e ainda assim mulheres demais hoje em dia acham que tudo gira em torno delas, e que o jeito de conseguir o que querem é esperar o cara perfeito cair do céu e lhes dar essas coisas de bandeja. Isso talvez aconteça se você for uma modelo da Victoria's Secret e o cara for um infantiloide de cabeça oca que prefere sair com uma Barbie em vez de ficar com uma pessoa de verdade. Se essa não é você, contudo, é necessário um jogo diferente caso queira conquistar seus objetivos.

Seja romântica e você receberá mais romance do que consegue imaginar. E comece o processo escutando. Escutando bem e se lembrando de tudo.

CAPÍTULO 20

Sexo rápido

HOMENS SÃO UNS CANALHAS. DIGO isso no melhor sentido possível.

Homens também são bem simples. Eles gostam daquilo que gostam e, desde que consigam isso, ficam bem satisfeitos.

E uma das coisas das quais os homens gostam é sexo.

Então dê isso para ele. Se não o fizer, alguém fará. Simples assim. Não estou dizendo que você tem de gostar, porque essa não é a questão. Se você quiser um sexo gostoso, procure em outro lugar se ele não estiver sacudindo seu mundo. Lembre-se de que são negócios. Você está procurando um peixão que provenha você. Se você está sonhando em conhecer o senhor Perfeito, o cara lindo, alto, sexy e rico que vai arrebatá-la e se apaixonar loucamente por você, pode continuar sonhando. É até provável que ele exista em algum lugar neste planeta, mas conheci muitos caras, e não consigo pensar em ninguém que se encaixe nesse perfil.

Isso significa que será necessário abrir mão de algo. Também leve em conta o seguinte por um momento: se por acaso o senhor Perfeito viesse caminhando rua abaixo e esbarrasse em você, ele acharia que você é o equivalente feminino dele ou continuaria andando, pensando que talvez haja alguém melhor — a senhora Perfeita — bem na esquina?

Enfim, de volta à tarefa em questão. Você conheceu um peixão, você saiu com ele algumas vezes, e o que vem depois? Da perspectiva de um cara, ele está se perguntando como você é na cama desde o minuto um. Se já tiveram dois encontros e você está se arrumando para o terceiro, ele agora está pensando que, se realmente gosta dele, se está a fim dele, esta será a grande noite.

Ele vai garantir que a casa dele esteja arrumada, que haja uma garrafa de vinho branco na geladeira e que o assento da privada esteja abaixado, tudo preparado para a noite de paixão que espera ter com você.

Por isso, faça com que ela aconteça.

Aproveite seu jantar, e então volte para casa com ele. Se não o fizer, pode dar adeus a esse peixão. Na verdade, existe um argumento que afirma que você esperou demais para pular fora, que, se você quer que ele ache que você está a fim a ponto de arrancar as calças dele, que ele é irresistível para você, já devia ter ido em frente logo na primeira noite, que você devia tê-lo convidado para entrar na sua casa e proporcionado uma noite inesquecível.

Você quer que ele vá trabalhar no dia seguinte se sentindo o próprio Rei Garanhão. As outras garotas que ele conheceu provavelmente o fizeram esperar. Elas gostaram do carrão dele, da bela perspectiva de carreira e do estilo de vida, mas seus peitinhos masculinos não eram exatamente excitantes, e as entradas no cabelo dele já estavam bem abertas, apesar de ele ter apenas 28 anos.

Assim, a maioria das garotas levou o tempo de que precisava.

Se você não esperar, ele é todo seu. Qual a diferença real, afinal? Primeiro encontro, terceiro encontro... E daí? O fato é que eu conheço muitos casais casados que fizeram sexo no primeiro encontro. Eles não gostam de admitir, mas é a verdade. E funciona.

Se você não fizer isso, alguém fará. E qual o objetivo disso? Significa voltar ao zero novamente.

Faça sexo, e garanta que seja bom. Como eu disse antes, homens são uns canalhas. E é verdade que talvez eles aparentem ser todos educados e civilizados por fora, mas na cama a história é outra. Como diz o velho ditado, um homem quer uma puta na cama dele. Se ele não achar uma na sua cama, vai continuar procurando em outro lugar.

Seja corajosa e seja baixa. Garanto os resultados.

Acabei de mencionar que os homens são canalhas. As mulheres também são. Vamos lá, admita. Toda mulher que conheço, incluindo minha mãe, leu *Cinquenta tons de cinza*. Uma ex-namorada minha leu a trilogia inteira. Foi um grande choque descobrir isso, porque ela era muito frígida na época que estava saindo comigo. Ou pelo menos era o que eu pensava. Claramente havia mais nela do que aparentava, e como ela disse para uma amiga que temos em comum que seu novo namorado "é um excelente amante", a culpa sem dúvida foi minha. No entanto, eu era mais novo na época, e ainda não tinha percebido que as mulheres são mais complexas do que elas talvez aparentem ser a princípio, pelo menos na superfície.

Se você for honesta consigo mesma e entrar nos recantos mais sombrios da sua mente, aquela parte onde suas fantasias sexuais estão guardadas, e cavar lá sua fantasia mais doente, depravada e excitante, que deixou escondida para ser utilizada apenas em seus momentos mais privados, daí conseguirá imaginar que o garoto peixe sente o mesmo. Não, ele não tem a mesma fantasia, mas tem seu próprio depósito de fantasias trancado em seu cofre de punhetas.

Assim como as suas, essas são as fantasias das quais ele tem mais vergonha, aquelas que fazem ele se contorcer de constrangimento só de pensar que alguém um dia possa saber ou descobrir. Contudo, esses também são os pensamentos que mais o deixam excitado, e as fantasias que ele mais gostaria de tornar reais. O problema dele é que as mulheres que ele conhece muito provavelmente não estariam dispostas a participar de uma de suas fantasias, ou pelo menos é isso que ele teme. E como tem medo de se arriscar e perguntar se sua nova garota toparia ou não, ele nunca descobre. Por que isso? É porque a maioria das pessoas fica preocupada demais em ficar marcada como pervertida para se arriscar e tentar algo que sempre quiseram fazer, mas não fizeram justamente por causa disso.

O garoto peixe, então, fica preso em uma situação entre a cruz e a espada. Se ele está a fim de você, o que o faria pirar mais do que qualquer outra coisa seria fazer você atuar como uma participante voluntária de um de seus dramas sexuais à la *Cinquenta tons*. E como ele já imaginou essa fantasia pelo menos umas cinquenta vezes, conhece a história melhor que Quentin Tarantino conhece as cenas de *Pulp fiction*.

Ainda assim, como ele pensa que você é uma "garota boazinha", acha que você vai fazer uma careta e dizer: "De jeito nenhum, não vou fazer isso, não é legal".

Por isso ele não pede.

Como resultado, ele a leva para jantar, depois faz um sexo razoável de classe média com você, e a partir daí haverá uma fraqueza no relacionamento. Algo como a Falha de San Andreas, na Califórnia. Você se lembra daquele filme antigo do Super-Homem, em que Gene Hackman interpretava Lex Luthor e criava um plano para causar um terremoto na Falha de San Andreas que faria a linha costeira da Califórnia desabar na água?

Bom, lembrando ou não, o fato é que, se você não está fazendo o tipo de sexo sujo que ele quer, vai ser a falha geográfica. Ele vai fazer o papel de bom namorado, conhecer seus pais e comprar presentes bonitos para você, mas você não vai ser dona desse cara a não ser que faça algo radicalmente diferente.

Para ser dona desse cara, dona de verdade desse cara, precisa entrar no cofre de fantasias sexuais dele e torná-las realidade.

Quer saber o que você talvez ganhe em troca?

Quer saber o que um homem fará por você se receber isso?

Ele lhe dará qualquer coisa. Ele vai largar tudo só para estar com você. E quero dizer tudo mesmo.

Vejamos se a história a seguir pode comprovar o que estou dizendo.

Muito tempo atrás, havia um jovem arrojado, com mais dinheiro que quase qualquer outra pessoa no mundo. Ele era muito popular, bem apessoado, vinha de uma família muito respeitável e tinha uma porção de amigos legais. Podia escolher a mulher que quisesse. Ele foi, por um tempo, o maior peixão do oceano.

Todas as garotas queriam estar com ele. É claro que ele saiu com algumas delas, mas de alguma forma, por algum motivo, nunca houve uma conexão com nenhuma. Então ele continuou sendo o *playboy* rico da cidade, divertindo-se para caramba, mas sem ficar sério com ninguém.

Depois de um tempo, seus pais ficaram um pouco preocupados. Eles queriam que ele fizesse a coisa respeitável e escolhesse uma boa mulher, se casasse, sossegasse e tivesse alguns filhos. Afinal de contas, ele vinha de uma família muito rica, o que significa pressão para produzir um herdeiro e uma criança extra, e aí, se ele quisesse, podia ir se divertir de novo — desde que o fizesse de forma discreta.

Era assim que funcionava naquela época, se você vinha de um tipo de linhagem como a dele.

Bom, adivinha: não funcionou bem assim.

Esse jovem arrojado conheceu uma mulher. Ela não pertencia ao universo dele. Ela não era da mesma classe social que ele. Ela não era nem do país dele. E ela já tinha sido casada, era uma mulher divorciada. Então, na visão dos pais e da família desse homem, essa mulher tinha de sumir. E eles colocaram muita pressão nele para que se livrasse dela. Contudo, ele não o fez.

E por que isso, você está se perguntando.

Essa mulher havia nascido nos Estados Unidos. Tinha se casado e mudado para o Sudeste Asiático. Em dado momento, seu primeiro casamento havia acabado, porém ela continuou vivendo na Ásia, o que ela mal menciona em sua autobiografia, mas faz sentido pensar que o que ela aprendeu enquanto estava lá a fez incrivelmente poderosa quando voltou ao Ocidente.

Ela acabou deixando a Ásia e se mudou para a Inglaterra. Onde conheceu nosso jovem solteiro arrojado e o enfeitiçou por completo. Ela fez um serviço tão bem-feito que ele abriu mão de tudo para ficar com ela pelo resto da vida.

O homem de quem estou falando era o futuro rei da Inglaterra, príncipe Edward. E o nome da mulher era Wallis Simpson. O príncipe Edward era o primeiro na linha de sucessão para o trono. Como Wallis Simpson era divorciada, ele não podia se casar com ela. Bom, ele até poderia se casar com ela, mas aí não poderia ser rei. Então o tolo palerma apaixonado renunciou ao título, disse que não seria rei, casou-se com o amor da sua vida em vez disso e se mudou para Paris, para ficar com ela. E eles continuaram casados e felizes pelo resto de suas vidas.

Como tudo isso aconteceu? Como é possível que o curso da história da família mais prestigiosa, mais importante e mais rica do mundo mudasse dessa forma? Que poder essa mulher possuía e utilizou para causar tamanho efeito espantoso, a ponto de um homem que seria rei escolher viver com ela em vez do título?

Vou dar um chute provável: ele se apaixonou pela forma como ela o fazia se sentir. Nenhuma outra mulher fora capaz disso até então. Os especialistas dizem sob os panos que foram os truques que ela aprendeu no Oriente Distante que a deram tal poder sobre ele. Foram as coisas que ela aprendeu lá e usou com grande eficiência quando voltou ao Ocidente.

Os ensinamentos das gueixas e congêneres, para que as mulheres aprendam como satisfazer um homem, é algo que falta na sociedade ocidental da atualidade. Diversas revistas femininas escrevem artigos intermináveis sobre como toda mulher tem o direito de ser linda, tem direito a um casamento feliz com um homem maravilhoso, tem direito a filhos maravilhosos, tem direito a uma mansão, tem direito a montanhas de dinheiro, tem direito a uma vida sexual fantástica. Algumas revistas inclusive proclamam orgulhosamente que a mulher de hoje em dia também tem direito a um caso extraconjugal, e até dão conselhos sobre como ter um.

Isso talvez até seja verdade, mas, a julgar pelas estatísticas, que dizem que mais da metade dos primeiros casamentos acaba, assim como quase três quartos dos segundos casamentos, e pelas milhões de pessoas cadastradas em sites de relacionamento on-line, fica bem claro que alguma coisa não está funcionando.

O que Wallis Simpson fez que levou o príncipe Edward a largar mão de tudo para estar com ela? O que ela fez para que ele optasse ficar com ela e ser seu provedor pelo resto da vida?

O mais provável é que ela tenha entrado naquela parte do cérebro dele onde ele escondia todos os desejos sombrios. E ela fez seu papel melhor do que qualquer outra pessoa seria capaz ou tinha feito até então. Ela não estava preocupada em ser uma santa e não negaria algo a ele simplesmente por "não achar legal". Eu apostaria que ela fez toda e qualquer coisa que ele quis, e que o fez com gosto.

Tome o exemplo de Jerry Hall e Mick Jagger. Como vocalista dos Rolling Stones, ele poderia ter qualquer mulher que quisesse. E ainda assim sossegou com Jerry, que teria declarado que dava a Mick o que ele queria todas as manhãs, para que ele não precisasse procurar por nada em nenhum outro lugar.

Coloque em contraste esses tipos de comportamento, de Wallis Simpson e Jerry Hall, com o de muitas mulheres de hoje em dia, que se deixam ficar largadas fisicamente e abrem mão do sexo e de agradar seu homem assim que têm um anel no dedo.

Se você quer capturar um peixão e se quer ficar com ele para si, então faça sexo rápido, faça com frequência, e faça de um jeito sujo, bem como ele gosta. Se você fizer isso, será dona dele para sempre. Se não fizer, ele vai procurar em outro lugar. Disso você pode ter certeza.

CAPÍTULO 21

Só um pouco de diversão

NA PARTE DO MUNDO EM que vivo, praticamente toda garota quer ser atriz. Bem, garotas, eis aqui sua grande chance de afiar essas habilidades de atuação e testá-las com uma plateia real ao vivo — e digo mais: que pagará ingresso.

Seu papel é interpretar a garota da curtição, aquela que está feliz em se divertir com pouco junto com um cara bacana, mas nem pensa em casamento. Você gosta da sua independência, você não precisa de um homem para ter dinheiro — na verdade, nem é muito ligada a bens materiais, e você gosta da vida simples. Enquanto muitas garotas que você conhece exigem tratamento cinco estrelas para se sentir amadas, você simplesmente gosta de deixar as coisas rolarem, seja lá onde isso for, seja lá fazendo o quê, desde que seja divertido. É a companhia do cara com quem você está — e não as companhias dele, nem onde ele encontra seus companheiros, nem sequer a companhia para a qual ele trabalha — que a interessa.

Sacou?

Agora, lembre-se de que, se esse cara tiver meio neurônio, não se deixará levar facilmente pela farsa, a não ser que você interprete seu papel muito bem.

Se ele é um peixão, então é inteligente, e consequentemente desconfiará que você talvez esteja atrás dele por causa do que ele tem e do que ele pode oferecer para você, em vez da personalidade, do charme e da índole dele. É verdade que ele estaria certo em desconfiar, mas não faz sentido nenhum deixá-lo a par disso. Você gosta dele por quem ele é, e não pelo que ele pode lhe dar.

É uma característica humana que todo mundo sempre queira algo que não pode ter ou algo que esteja fora do alcance. Quando eu era moleque, queria um carro. Não ligava se era velho, se estava quebrado, se a cor dele era feia, se estava enferrujado ou se não dava para confiar nele. Eu só queria um carro. Qualquer carro servia.

Meu sobrinho acabou de completar 18 anos e é maluco por carros. O pai dele prometeu dar um carro para ele, mas por uma série de motivos acabou não cumprindo a promessa. Eu por acaso tinha um Honda velho de que não precisava, e ofereci para ele. Ele recusou. Fiquei sem palavras. Aqui estava um bom carro, na versão mais esportiva, com duas portas e um grande motor, grátis, e ele não queria.

O que o comportamento do meu sobrinho estava me dizendo é que não era um meio de transporte que ele queria, era outra coisa. Na idade dele eu queria um carro, qualquer carro, porque isso significava que eu podia ir para lugares e fazer coisas.

Falei com a mãe dele sobre isso e ela disse que ele queria uma Range Rover. Ele não queria um carro para dirigir. Ele queria um carro para admirar, polir e exibir. Embora ele tivesse dito que queria um carro, essa não era a história completa. Ele queria um tipo específico de carro, e ele queria o tipo que estava fora do alcance da maioria dos moleques de 18 anos.

Os homens são iguaizinhos. Se eles têm como pagar por uma casa de 200 mil, vão querer uma que custa 300 mil. Se de repente ganharem um dinheiro a mais que possibilite pagar a casa de 300 mil, pode ter certeza de que não vão mais querer ela. Agora vão querer aquela que custa 500 mil.

É a mesma coisa no que diz respeito a mulheres. Os homens sempre querem as mulheres que não podem ter, ou pelo menos não com facilidade.

Pense em Tony Montana, o papel interpretado brilhantemente por Al Pacino no filme *Scarface*. Tony é um criminoso baixo nível dos becos de Havana. Graças à sua astúcia cruel, chega ao topo da indústria de cocaína em Miami. Ele ganha muito dinheiro e se torna muito poderoso. Ele poderia ter qualquer mulher da sua classe e posição social, mas ele não quer nenhuma delas. Ele quer a mulher do chefe, uma criatura loira dos olhos azuis, muito delicada, interpretada por Michelle Pfeiffer.

Ele a corteja com assiduidade. Ela torce o nariz e ri da cara dele. "Até parece que eu sairia com você. Sem chance", ela pensa e transmite não verbalmente.

A indiferença dela o deixa maluco. Ele precisa tê-la. Quanto mais ela ri da cara dele, mais ele a quer.

Bem, você pode e deve fazer a mesma coisa, mas com um pouco mais de sutileza. Afinal de contas, seu peixão provavelmente é bem mais sofisticado que Tony Montana — ou assim espero.

Então, quando seu peixão ligar e disser que não pode encontrá-la antes de sábado, e isso ainda na segunda-feira, responda com apenas: "Beleza, divirta-se, vejo você no sábado!". E diga isso com toda alegria e felicidade na voz que conseguir juntar.

Ele vai abaixar o telefone e pensar: "Essa foi fácil". No entanto, logo ele vai começar a se perguntar por que foi tão fácil assim. "Talvez ela queira ver a família dela, ou quem sabe queira encontrar os amigos, ou... talvez ela queira sair com outro cara."

Passam-se um ou dois dias e você não ligou para ele. A essa altura ele está se perguntando por que você não ligou. Eis que ele liga e pergunta se está tudo bem. Você responde: "Sim, tudo ótimo. E você, como está?". De novo, você dirá isso com alegria e felicidade na voz. Ao final da conversa ele terá começado a se preocupar.

"O que ela está aprontando? Por que não pergunta onde estou e o que estou fazendo? Por que parece tão relaxada? E por que parece tão feliz? Ela já não me vê há alguns dias e não vai encontrar comigo até sábado, e parece estar tranquila com isso. Hmmmmmm..."

Nesse ponto, ele vai começar a suspeitar que você esteja saindo com outro cara. Perguntas vão ficar atravessando o cérebro dele: "Será que o carro desse cara é melhor que o meu? Será que ele tem um emprego melhor, uma casa maior, um saldo bancário maior, um pau maior? Será que ele é mais alto que eu, maior, mais magro, mais atlético, mais bonito, mais novo? Talvez ele tenha mais cabelo. Ou talvez ele seja mais divertido".

As perguntas vão deixá-lo completamente louco.

E tudo porque você não reclamou e não se explicou.

Da próxima vez que o encontrar, não se surpreenda se receber um pouco mais de atenção, um pouco mais de respeito, um pouco mais de tudo.

Se você agir como se não se importasse, como se fosse só curtição, vai disparar instintos masculinos primitivos que vão enlouquecer o pobre coitado do cara. Ele vai trabalhar mais duro que nunca para satisfazê-la.

Agora, tome cuidado para não ir longe demais com essa estratégia. Não dê a ele a impressão de que realmente há outro cara. Você não precisa fazer isso. Sua mera indiferença já fará o serviço. Por isso, não se faça de tímida. Se ele perguntar depois de uns dias o que você tem feito, diga que foi ver sua família, ou que saiu com as amigas, ou que foi à academia. Se ele perguntar o que vai fazer na quinta e na sexta-feira, só diga que você ainda não tem planos definitivos.

Nesse ponto, ele vai questionar a própria estratégia.

Afinal de contas, você é uma garota divertida, é ótima na cama, é uma ótima companhia, e o faz se sentir um rei. Agora, que motivo plausível ele teria para sentir que talvez tenha cometido um erro ao não encontrar com você por grande parte de uma semana? Quer dizer, não tem como você ter conhecido outra pessoa nesse meio-tempo e essa pessoa estar cobrindo-a de atenção, certo? Não, claro que não.

Ele vai ligar para marcar almoço, jantar e café da manhã na quinta-feira, sexta-feira e sábado.

E tudo porque você agiu como se não se importasse, como se fosse só um pouco de curtição.

É assim que se captura um peixão.

CAPÍTULO 22

Tão legal

PARECE ÓBVIO, NÃO? SEJA LEGAL com ele.

"Mas claro que vou ser legal com ele, fui legal com todos os meus namorados", posso escutar você dizer.

Não quero dizer ser legal com ele ocasionalmente, ou quando você quer, ou quando espera algo em troca. Quero dizer que você tem de ser legal sempre.

Vamos nos aprofundar um pouco na mente do peixão. Se ele ainda está solteiro e nadando por aí à procura da Senhorita Perfeitinha, é porque de bobo ele não tem nada, e é um pouco fresco no que diz respeito a sossegar e dividir sua fortuna, ops, desculpe, quis dizer dividir *sua vida* com alguém. Que tolinho eu.

Esse cara provavelmente ralou muito no colegial para entrar em uma boa universidade, e decerto trabalhou duro na faculdade para entrar em uma boa empresa e conseguir um bom emprego que paga pelo estilo de vida luxuoso dele, e que também pode ser seu se você jogar as cartas certas.

Então é bem provável que ele seja um cara inteligente, atencioso e trabalhador. Do tamanho certo para você. Não conheço muitos idiotas que tenham dinheiro, a não ser que tenham herdado, mas esses tipos tendem a jogar fora rapidamente sua fortuna e acordam falidos depois de alguns anos. Ou seja, seu peixão esperto não é nada bobo mesmo. Ele vai ficar bem ligado em tudo o que você faz, pelo menos até que se apaixone. E esse é seu jogo, fazer com que ele se apaixone por você. A sabedoria e a paixão não vão muito bem juntas. Lembre-se disso, e faça com que funcione a seu favor.

Até estar apaixonado, ele vai ficar de olhos bem abertos e ligado em cada movimento seu. E, ao contrário dos conselhos que vejo sendo dados a boas mulheres como você, ser má e cruel não é a entrada para o coração desse cara. Deixe as outras garotas utilizarem essa estratégia se quiserem, mas você tem de fazer de tudo para seguir na direção contrária. Lembre-se de que você quer que ele se apaixone por como você o faz se sentir, quando não por você como um todo.

Portanto, seja legal com ele. O tempo todo.

Você vai ouvir falarem sobre como a Cláudia era uma megera com o Flávio, mas ele a amava do mesmo jeito. Sim, é claro que isso é possível. Não dá para realmente controlar por quem você se apaixona, mas é possível se controlar quando você está apaixonado. É por isso que muita gente se apaixona, mas nunca chega ao altar. O peixão terá a família e os amigos de olho por ele. E, se essas pessoas virem e ouvirem o cara que amam sendo tratado mal por uma bonitinha, os punhais estarão apontados para você a cada passo do caminho.

Em contrapartida, se ouvirem coisas boas a seu respeito e se virem você tratando-o bem o tempo todo, esses agentes da destruição em potencial se transformarão em aliados, e você estará um passo mais próxima de capturar o peixão.

Ser legal nem é tão difícil assim, no fim das contas. Se você imaginar que tudo faz parte de ser uma profissional, então é só fazer.

Os homens são estúpidos no que diz respeito às mulheres, mas não são completos idiotas. Eles sabem quando estão tirando vantagem deles. Há uma pequena voz dentro deles que diz bem baixinho: “Ei, João, acorde, ela não está sendo legal, ela não está sendo honesta, você está sendo sacaneado”.

Essa vozinha devia estar dizendo: “Uau, essa aí vale a pena, e ela não está fingindo. Ela também é legal com os amigos e a família dela. E é tão legal comigo que nem dá para acreditar. Ninguém jamais me deu tamanho calor humano, preocupação, interesse e afeição. Devo ser o cara mais sortudo do mundo, é ela, a minha alma gêmea, a mulher com quem quero passar o resto da vida”.

Agora, digamos que ele a pegou em um monte de mentiras. Digamos que é sexta-feira à noite e ele a levou para assistir um balé e depois para jantar. A progressão lógica da noite seria vocês irem para a sua casa ou para a dele e passarem a noite juntos. Só que você recebe uma mensagem às seis da tarde, convidando-a para uma festa, e você quer ir. A festa só começa à meia-noite, você pensa, e logo percebe que pode ir ao espetáculo e ao balé, depois dispensar o cara e ir à festa sozinha. Lá estarão alguns amigos que você quer encontrar, e talvez seja mais do que um pouco perigoso levar o peixão junto, porque assim ele pode descobrir mais evidências de que você não tem sido totalmente honesta com ele a respeito de suas outras atividades. Você cria um plano e o coloca em ação.

"Depois do jantar, não vou convidá-lo para ir à minha casa", você diz para o garoto peixe. E não dá mais explicações além de uma oferta para levá-lo até o terminal e esperar com ele até que o ônibus chegue. Você dá um selinho nele, diz boa noite e até logo, e espera por um minuto até que o ônibus desapareça rua abaixo, com ele dentro. Então você vai à festa, sozinha.

Você provavelmente está pensando que mandou muito bem nessa. Que foi uma boa garota a noite inteira e fez bem seu papel. E acabou estragando tudo com um dos piores comportamentos imagináveis.

Pense um pouco. O garoto peixe está voltando para casa, sozinho em um ônibus. É sexta-feira à noite e ele acabou de pagar por ingressos para um espetáculo e pelo jantar de vocês dois. Agora ele comprou uma passagem de ônibus para voltar para casa, e são apenas dez e meia da noite.

Você não pode estar falando sério!

Depois de uma atuação dessas, você nunca mais vai conseguir voltar para o caminho certo.

A parte mais boba de tudo isso é que 99 gestos de gentileza podem ser completamente apagados por um gesto rude.

É verdade que o peixe talvez fique por perto, mas as coisas serão diferentes. Ele vai tirar você da Categoria A de Pretendentes Prováveis dele para colocá-la na Categoria D de Garotas Escrotas para Usar para Sexo.

Mandou bem, só que não.

Uma garota muito atraente e inteligente me ligou um dia e sugeriu que a gente saísse. Fiquei encantado. Perguntei que tipo de encontro ela tinha em mente. Ela fez uma sugestão, nós marcamos na agenda, e um dia antes do encontro ela me mandou uma mensagem de texto dizendo que alguém tinha convidado ela para um show do George Michael bem na noite do nosso encontro, então será que a gente podia remarcar? Ela também me disse que esse outro cara era um executivo muito bem colocado e muito poderoso.

Fiquei de cara no chão.

Até aquele momento, eu achava que ela era uma garota muito bacana. Era esperta, bem-sucedida às próprias custas, e ainda assim ela fez uma das coisas mais chocantes possíveis.

Nem preciso dizer que essas duas mulheres continuam solteiras até hoje. Ambas são extremamente inteligentes e bonitas. Apesar de tudo, eu ainda as tenho como amigas próximas. Contudo, as duas gastam seu tempo e seu dinheiro em sites de relacionamento on-line, procurando pelo cara perfeito. Elas querem um cara que cumpra todos os requisitos de suas listas. Altura certa, aparência certa, nível de sucesso profissional, status, classe, disponibilidade, beleza... A lista é interminável. Elas também querem que esse cara seja tapado. Tapado o bastante para não reparar em quão horrível o comportamento delas é.

Boa sorte com isso. Elas não vão chegar a lugar nenhum enquanto não ficarem espertas.

No que diz respeito a tratar um homem bem, elas não têm ideia do que estão fazendo. O julgamento delas não está apenas errado, está completamente errado.

Quando você sentar com as amigas delas, elas dirão que não têm ideia de por que Patrícia ou Sandra não são casadas nem sequer têm um namorado. Dirão que ela é tão legal, uma das melhores amigas delas, e que ela é tão bonita, engraçada, e a lista continua. Bom, o que elas não veem é quão egoísta, indiferente e cruel Patrícia ou Sandra são quando estão participando do jogo do acasalamento.

A verdade nua e crua é que, se a garota está solteira e parece boa demais para ser verdade, então ela é.

Os caras se sentirão atraídos e talvez até gostem dela, mas eventualmente ela mostrará seu lado cruel, egoísta e indiferente, e o jogo estará acabado. O peixe terá escapado da linha, para nunca mais ser visto.

Tudo pode ser diferente. Basta ser legal.

Uma garota que trata um cara bem, o tempo todo, pode escolher o homem que quiser. Eles vão formar uma fila e esperar pacientes por sua vez de serem entrevistados. Ela só precisa ser legal com eles o tempo todo. Simples assim. A coisa toda soa tão óbvia porque é verdade.

A falta de consideração e de empatia mostrada por muitas mulheres permite que as mulheres legais por aí passem o rodo. É fácil se destacar da multidão sendo legal quando a multidão está sendo escrota. E você se destacará. Especialmente quando os outros livros e revistas sobre esse assunto na verdade aconselham as mulheres a tratarem mal seus homens, para assim fazer com que eles fiquem espertos. Quanta bobagem.

Mas, ei, por que lutar contra isso? É do seu interesse que todas essas pobres mulheres equivocadas continuem dando uma de Kardashian para cima dos homens delas, porque significa que, quando esses caras conhecerem você, vão ficar caidinhos com quão bom é ser tratado bem.

Experimente e veja. E preste atenção. Logo você terá mais peixões tentando engolir seu anzol do que dá conta.

Um amigo meu me contou de uma garota por quem se apaixonou, sobre como ela era ignorante, pobre, com bem poucas perspectivas, mas o tratou com gentileza e consideração desde o primeiro minuto, sem nenhum acidente ou deslize. Ele citou o falecido Richard Prior, que disse: "Ela me fisgou: anzol, linha e lastro, e eu estava em terra firme!".

Bom, você pode ter esse mesmo resultado, independentemente da sua aparência, de quanto dinheiro tem, de quão inteligente é e de onde vem.

Apenas seja legal.

CAPÍTULO 23

Tão legal com os amigos dele

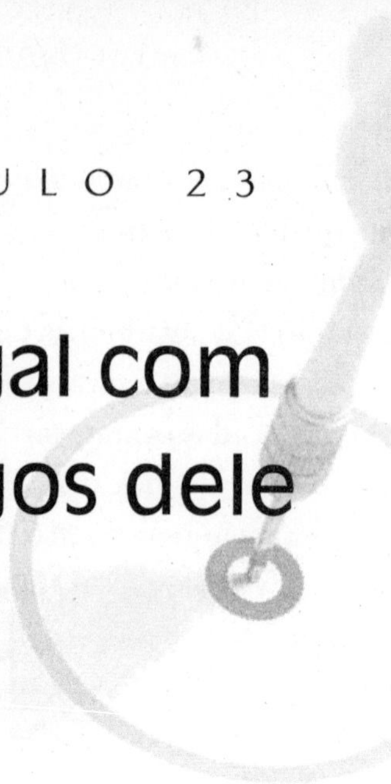

QUER DIZER QUE VOCÊ ENCONTROU o seu peixão, e depois escutou ele lhe contar tudo sobre si mesmo. Você manteve o foco nele, lembrou-se de tudo que ele disse e fez sexo maluco, como ele nunca tinha feito antes. Você tem sido divertida, leve, envolvente, misteriosa, e fez com que ele pirasse quando pagou o jantar dos dois em um restaurante francês caro que você sabe que ele ama algumas noites antes.

Você tem sido muito legal com ele e não deu um passo em falso, e ele está se apaixonando por você rápido e com força.

Sem dúvida, esse cara terá falado de você para os amigos dele, que estarão curiosos. Quem será essa garota sobre quem vivem ouvindo relatos incríveis, a garota que cativou Pedro, o Peixão, como ninguém nunca antes conseguiu fazer? E é claro que estarão encantados. Eles gostam de Pedro e acham que ele é um cara ótimo. E querem protegê-lo. Eles já viram muitas garotas indo e vindo, e, embora algumas delas até tenham sido bem simpáticas, era óbvio para todo mundo do lado de fora que elas eram interesseiras, atrás dele pela grana em vez de pela esperteza e pelas respostas rápidas dele.

Assim, ainda que eles estejam felizes pelo amigo ter encontrado alguém de quem goste, não estão envolvidos emocionalmente com você. Ou seja, essa será uma plateia bem mais difícil de conquistar. E não é como se você pudesse usar a jogada do sexo com eles, certo?

Errado.

Claro que você pode, mas essa jogada tem de ser feita com cuidado.

Vamos voltar ao princípio básico de que os homens são estúpidos no que diz respeito a mulheres. Só porque Carlos é amigo de Pedro, não quer dizer que ele não possa ser conquistado com um pouco do bom e velho flerte. Desde que seja feito com cautela, e que você não esfregue na cara de Pedro, isso renderá belos dividendos.

Você sabe que ama Pedro e que Pedro ama você. O Carlos também sabe. Então não é como se nada fosse acontecer entre você e Carlos, certo? No entanto, o fato é que, se você acariciar um pouco o ego de Carlos, ele vai achar que vocês dois têm um lance especial. Isso nunca será discutido abertamente, mas vai funcionar a seu favor enquanto você quiser.

O truque é fazer esse joguinho com os caras que são receptivos. Você terá de usar seu astuto instinto feminino para descobrir quais dos amigos de Pedro vão reagir bem e quais não. O fato é que alguns dos amigos dele vão responder ao estímulo. Contudo, mantenha as coisas leves. Dê um pouco de atenção a eles, faça-os se sentirem especiais, como se houvesse uma conexão entre vocês, mas não vá além disso. Isso seria um grande erro. Lembre-se mais uma vez de que você está partindo do princípio que afirma que é melhor viajar do que chegar ao destino. Faça esses caras pensarem que talvez eles tenham uma chance, somente sob a impossível circunstância de você e Pedro não darem certo. Deixe que eles pensem assim, mas nunca diga uma coisa do tipo em voz alta, e você terá alistado alguns ajudantes para colocar Pedro, o Peixão, em terra firme, no gelo, e deixá-lo pronto para ser grelhado.

Seja legal com as amigas dele também. Elas terão muita influência. Não estou sugerindo que você flerte com elas, embora não seja uma má ideia com a mulher certa, mas faça questão de dar atenção individual para cada uma delas. Quinze minutos focados em uma delas de cada vez vale muito mais do que entrar na rodinha para participar das gracinhas, embora isso também seja bom.

O conselho aqui sobre como tratar os amigos também vale para a família dele.

Os caras adoram quando os amigos gostam da namorada dele. Bizarramente, eles também gostam de quando seus amigos acham que ela é atraente. Isso, claro, desde que saibam que podem confiar nos amigos e que podem confiar em você. O motivo pelo qual eles gostam disso é porque pensar que todo mundo gosta e é a fim de você infla demais o ego deles, mas sabem que você nunca faria uma sacanagem, porque só tem olhos para ele. Isso faz com que ele se sinta o próprio Peixão Gostoso. E é difícil superar essa sensação.

Faça os amigos e a família dele ficarem do seu lado e já terá meio caminho andado para conquistar seu objetivo.

Vi essa estratégia ser utilizada com um efeito devastador pela Mina do Rock.

Ela estava trabalhando nesse peixão quando conheceu os amigos dele. Em privado, ela trabalhou em cima de dois desses caras, extremamente inteligentes e bem-sucedidos. Ela sacou que ambos tinham um calcanhar de Aquiles: eram baixinhos. Então ela explorou essa fraqueza. Ela sabia que a maioria dos homens baixinhos tem um sério complexo com a própria altura, não importa quanto dinheiro e status eles também tenham. Ela jogou com as estatísticas e supôs corretamente que esses dois homens, embora amigos muito próximos e de longa data do seu peixão, talvez curtissem uma pequena afagada no ego. E ela fez isso dando atenção para cada um deles. Ela olhava nos olhos deles, ouvia o que tinham a dizer, dava risada nas horas certas e sorria do seu jeito mais sexy quando eles olhavam para ela.

Embora nenhum dos homens fosse admitir, eles se apaixonaram por ela. Cada um deles se perguntava se teriam tido uma chance com ela se a tivessem conhecido primeiro. Não importava que ela fosse namorada do amigo deles; até porque eles nunca teriam feito nada com a Mina do Rock, mesmo que a oportunidade se apresentasse — ou pelo menos era disso que eles se convenciam. A realidade era que flertar com eles um pouco, colocar seu holofote em cada um deles por alguns minutos e explorar a fraqueza deles em relação a altura significava relatórios muito positivos sobre ela para Pedro Peixão.

Se você fizer isso direito, todo mundo sai ganhando. Pedro Peixão ganha um afago no ego, os amigos de Pedro ganham um afago no ego. E o peixão chega um pouco mais perto do seu barco, pronto para ser capturado.

Ainda: se, num momento posterior, você tiver problemas para conseguir o que quer, mas já estiver com o peixão na sua rede, quando o peixão for pedir conselhos para os amigos sobre o que fazer com você, pode ter certeza de que eles vão falar para ele se esforçar mais, para ele tentar satisfazer seus desejos e dar um jeito nas coisas.

Afinal de contas, se você desaparecesse da vida de Pedro Peixão, eles talvez não voltassem a vê-la...

Não se esqueça de que, no que diz respeito aos amigos e à família dele, você deve fazer com essas pessoas a versão mais leve daquilo que está fazendo com o seu peixão.

Vai render maravilhas, você verá.

CAPÍTULO 24

Nada de bisbilhotar

SE VOCÊ ESTIVER JOGANDO DIREITO, esta parte vai ser fácil.

Tudo o que você tem a fazer é deixar que ele solte o verbo. O truque é não bisbilhotar. Você aprenderá mais sobre ele deixando que ele fale e simplesmente sendo uma ouvinte paciente e atenciosa. Tudo o que for dito para você poderá ser muito útil depois.

Se ele está se apaixonando por você, então vai querer impressioná-la.

Isso quer dizer que ele vai contar sobre as maiores conquistas dele, sobre quão bem ele se dava na escola, nos esportes, no trabalho e até com outras mulheres do passado. Ele vai contar o que ele tem, as posses dele, quanto dinheiro ganha, onde o deixa guardado, o que quer fazer com esse dinheiro, quando quer fazê-lo, onde e com quem.

Ele se tornará um livro aberto. É isso que acontece quando um homem se apaixona.

É sempre melhor, contudo, se ele mesmo abrir o livro e lê-lo para você.

Não bisbilhote. Resista à tentação de fazer perguntas demais. E definitivamente nunca pergunte nada que diga respeito a dinheiro. Se ele pensar que você está atrás dele por causa de dinheiro, escapará. Fazendo as perguntas erradas você acionará os alarmes dele, e logo ele farejará uma falsa e assim vai jogá-la no lixo, junto com as outras interesseiras.

Afinal de contas, se você jogar direito, não terá de perguntar nada de qualquer jeito. E, se você perguntar, as respostas dele decerto serão mais cautelosas. Mantenha seus olhos e ouvidos abertos e a boca fechada, desse modo terá mais informações. Ele vai se esforçar tanto para falar de si mesmo, para se vender, que você simplesmente não terá de perguntar.

A diretriz aqui é deixá-lo contar tudo sobre si para você e não perguntar nada.

Muitos anos atrás, fiz uma entrevista de emprego na Goldman Sachs, a proeminente firma de investimentos bancários. A entrevista era para uma posição de vendedor de títulos, portanto, estava sendo entrevistado por um vendedor de títulos da firma.

A entrevista durou horas. E foi muito estranha, ou pelo menos muito diferente de qualquer outra entrevista pela qual eu já tenha passado, antes e depois dela.

O entrevistador não falou quase nada. Claro, ele começou dizendo olá e se apresentando, mas então ele se sentou e não disse mais nada. O silêncio era um pouco desconfortável enquanto eu esperava que ele fizesse uma pergunta sobre mim. Quando ele não falou nada, comecei a falar. Eu me apresentei, disse para ele onde estava trabalhando na época, onde tinha feito faculdade, de onde vinha, minha idade, experiência e habilidades. E ainda assim ele não falou nada.

Depois que eu tinha falado sobre mim por uma quantidade razoável de tempo, também me calei. No entanto, ele era melhor no jogo que eu. O silêncio dele durou mais. Retomei a fala. Na minha cabeça, se eu tinha parado de falar e ele não tinha dito nada, devia ser um sinal de que ele queria que eu continuasse, então foi isso que fiz.

Isso durou horas. No fim da entrevista, ele me agradeceu pela disposição e disse que entraria em contato.

Devo ter ido bem, porque ele acabou me convidando para ir a Nova York para fazer mais algumas entrevistas.

Por algum tempo depois daquela experiência com ele, fiquei me perguntando a respeito daquela entrevista e a respeito dele. Percebi que tinha falado sobre mim, praticamente de forma espontânea, por quase cinco horas. E ele tinha ficado sentado me escutando, sem interromper, aquele tempo todo.

E percebi que não sabia nada sobre ele. Ele não parecia nem se vestia como nenhum vendedor de títulos que eu tinha conhecido fazendo entrevistas para posições similares em firmas concorrentes.

Tempos depois, descobri que esse homem era o melhor vendedor da Goldman Sachs. Não da Goldman Sachs de Londres, onde aconteceu a entrevista.

Esse era o melhor vendedor a serviço da Goldman Sachs, o que incluía toda a operação americana deles.

Depois me contaram que esse homem era uma lenda na firma. Que naquele ambiente violento e frenético de uma atribulada sala de negociações, onde era costumeiro que as pessoas que estavam sofrendo uma enorme pressão falassem um pouco alto e perdessem a compostura, esse homem era um exemplo de tranquilidade. Não só isso, como ele nunca falava uma palavra sequer, ou quase nunca. A maioria dos vendedores ficava ocupada no telefone, falando com seus clientes. Esse homem estava sempre sentado em sua mesa, com o telefone grudado na orelha, sentado sem falar nada.

O segredo do sucesso dele? Ele escutava os clientes. Em vez de tentar vender algo que os clientes na verdade não queriam, ele deixava que dissessem o que de fato queriam e então falava: "Aqui está, quantos você quer comprar?".

Essa estratégia bem-sucedida fez com que ele se tornasse multimilionário, e isso antes de completar 35 anos.

Você pode fazer a mesma coisa.

Ache seu peixão, escute-o bem, não bisbilhote, e você também será bem-sucedida.

CAPÍTULO 25

Esquente o clima

De acordo com o velho ditado, a distância faz o amor aumentar. Entretanto, ela também pode dar espaço para que outra se infiltre no seu lugar e jogue os encantos dela para cima do peixão enquanto você está longe. Também é verdade que, em muitos casos, o que os olhos não veem o coração não sente.

Lembre-se de que o objetivo básico aqui é virar dona daquele cara em sessenta dias. Se você estiver fazendo as coisas corretamente, isso acontecerá, a tempo e no prazo. Se, porém, fizer uma pausa no meio do caminho e desaparecer tirando férias com suas amigas, o provável é que você não conquiste o objetivo. Você estará exposta a todos os tipos de riscos de investimento. Ele pode conhecer outra garota. A ex-namorada dele pode comprar uma cópia deste livro, lê-la, perceber o que fez de errado, promover algumas mudanças e pronto: lá está ele dando outra chance para ela.

Se você quiser tirar férias com suas amigas, espere até que sua missão esteja completa. Jogue direito e depois de sessenta dias pode até desaparecer por seis meses que ele ainda estará babando por você quando voltar. Se tirar o pé do acelerador e perder aquele impulso vital nos primeiros dias, entretanto, a coisa toda pode acabar em lágrimas, e aí voltaremos ao zero — e você não quer isso.

Não faz sentido nenhum se comportar friamente. Muito melhor esquentar o clima em vez disso. Mantenha o foco nele. Faça ele se sentir desejado. Faça ele se sentir especial. Dê tudo para ele agora. Você quer que ele fique viciado na forma como você o faz se sentir, e só pode fazer isso se estiver em cena jogando seus encantos para cima dele.

Experimente fazer pequenas visitas surpresa. Nada que possa parecer assustador, mas pense quão bem você vai fazer ele se sentir se aparecer na porta dele um dia, tocar a campainha e entregar um presentinho atencioso. Nada muito caro ou pomposo, apenas alguma coisa que mostre que você tem pensado nele. Se pegar alguma coisinha para ele enquanto está em horário de almoço, embrulhar e entregar pessoalmente, ele vai pirar. Faça isso mais de uma vez e logo ele será seu.

Se você não o fizer, há o risco de ele encontrar outra pessoa que faça. Como você vai competir com isso? Portanto, não se arrisque. Faça questão de ser aquela que traz os pequenos presentes e faz surpresas. E tenha certeza de que mais ninguém está fazendo isso no seu lugar enquanto você sai de férias ou ficando um tempo de boa.

A maioria das mulheres espera que o cara faça todo o serviço, que a cubra de atenção e presentes. Espalharam por aí que, se você ficar de boa e deixar ele caçá-la, isso funcionará a seu favor. Existe uma noção de que o cara devia caçar a moça, e não o contrário. É como se estivesse subentendido que o cara tem de ligar para a moça, não o contrário.

Bem, apenas imagine como o cara padrão vai se sentir se você fizer o oposto disso. Você faz questão de estar disponível quando ele de fato liga. Você atende a ligação ou responde a mensagem de texto na mesma hora. Esqueça a estratégia de ficar de boa e fazer com que ele espere. Esse é um truque velho que não funciona. Não funciona porque é assim que todas as outras garotas estão jogando, e é por isso que elas passam suas noites sozinhas em casa depois do trabalho acessando sites de relacionamento comuns e para milionários, escrevendo as mesmas linhas tristes que as outras garotas estão escrevendo, sobre gostar de uma boa taça de vinho e um bom filme em casa, mas também gostar de sair. Que tédio.

Force a questão. Não dê a ele um pouco de atenção, dê muita. E dê sempre.

Fique por perto e jogue seus encantos para cima dele. Pergunte o que ele vai fazer depois do trabalho, e se ele não souber faça uma sugestão, algo como tomar umas naquele barzinho que ele gosta de frequentar. É bem provável que ele se divirta tanto com você no bar que a convide para jantar no restaurante bonitinho logo ao lado, e assim você terá ficado com ele todo para você a noite inteira — e, se você realmente estiver jogando direito, a madrugada inteira também.

Lembre-se de que, se você não está com ele, corre o risco de outra pessoa estar.

Cada minuto que passa com ele, dando-lhe toda a sua atenção, é dinheiro no banco.

Voltando à Pattaya, na Tailândia. Lá existe uma regra que as pessoas devem seguir ou quebrar, por sua conta e risco. É a "Regra das Quatro Noites". Eu prefiro chamar Pattaya de Cidade da Sedução, em vez de Cidade do Pecado, porque as mulheres de lá fizeram desse jogo uma ciência. Elas têm aperfeiçoado seu método durante quase cinquenta anos, então já devem estar muito boas nele por agora. E o que elas sabem é que, se conseguirem encontrar com o mesmo cara por quatro noites seguidas, terão boas chances de fazer com que a química no cérebro dele passe para o lado delas. Eles vão começar a desenvolver sentimentos, e é só elas conseguirem segurar tais sentimentos por mais dez dias que logo ele estará lhes mandando milhares de dólares. Por isso, elas ficam coladas no cara. Elas farão qualquer coisa e irão a qualquer lugar com eles, até em outros go-go bares, e vão fingir que estão curtindo muito assistir às garotas se exibindo em mastros metálicos brilhantes no palco.

As garotas lá sabem que ficar de boa quer dizer perder o cara.

Como disse Buda: "O problema é você pensar que tem tempo".

Bom, na verdade você tem e não tem. Se não fizer com que esse cara se apaixone por você, e rápido, significa que desperdiçou todo o tempo e os esforços investidos. É bem provável que, se você seguir a estratégia de ficar de boa, esperar ele caçá-la e consequentemente não der a cada peixão em potencial toda sua atenção, você acabe com uma série de experiências não muito interessantes nem gratificantes, e quando for somar todas elas a realidade será que passou anos esperando, esperando e esperando ser caçada, e ficando de boa, tudo para nada.

A Garota Divertida fazia exatamente o contrário. A perspectiva dela era baseada em sua experiência com o câncer de mama, o que quer dizer que ela quase morreu quando estava com 30 e poucos anos. Como costuma ser o caso com pessoas que sobrevivem a uma experiência de quase morte, ela começou a viver de verdade a partir daquele momento. Ela abriu os braços para a vida e para tudo o que ela tinha a oferecer, quase sempre de forma excessiva. Se ela não estava se divertindo, fazia uma mudança imediata.

Ela me contou que nunca tinha sido tão atraente para os homens até quase morrer. Com sua nova estratégia para a vida, ela ia com tudo atrás de tudo. Como ela mesma disse, ela nunca sabia quanto tempo ainda tinha. Quando conhecia um cara novo, esbanjava atenção com ele. Encontravam-se todos os dias. Se ela gostava dele e da companhia, fundia a vida com a dele. Ela realmente tentava. Ia a todos os lugares a que ele ia, conhecia todos os amigos e familiares dele, e o cobria com apoio, amor, curtição, sexo, atenção e risadas. E todo cara com quem ela fez isso se apaixonou por ela.

Não importava que ela não tivesse um centavo, que ela já tivesse entrado nos 40 ou mal pudesse contribuir financeiramente para a vida deles juntos. Nada importava. O simples fato era que ela dava a cada um deles todos os minutos do seu dia, quando não estava no trabalho, e por isso ele sentia a potência máxima da atenção dela.

A Garota Divertida não ficava de boa. Ela esquentava as coisas.

Da última vez que ouvi falar dela, ela ainda estava na pista para negócio. Tinha se divertido muito e ainda estava se divertindo — tudo à custa dos outros —, e tinha uma longa lista de admiradores que se casariam com ela no dia seguinte.

Ou seja: faça questão de grudar feito cola em seu peixão, esbanje sua atenção com ele e esquente as coisas.

CAPÍTULO 26

Aberta e honesta, ou parecendo ser assim

O FATO É QUE UM bom relacionamento não é possível sem confiança.

Atenção: isso não é o mesmo que dizer que confiança é o suficiente para garantir um bom relacionamento, porque nada poderia estar mais longe da verdade do que essa afirmação. A questão é que, se você não confia no seu parceiro, e se o seu parceiro não confia em você, então está tudo acabado.

Sei de situações entre casais passando por dificuldades, nas quais cada pessoa inspeciona sorrateiramente as mensagens de texto e os e-mails da outra. Qual o objetivo disso? Se você chegou a um ponto em que esse tipo de coisa está acontecendo, significa que uma das pessoas, talvez até as duas, está aprontando algo que não conduz a um relacionamento saudável.

Presumo que a leitora seja um indivíduo equilibrado, não uma esquizofrênica paranoica com potencial para ter delírios. O instinto é uma coisa engraçada. Costuma servir bem à pessoa se ela estiver prestando atenção. Com bastante frequência, porém, nós o ignoramos e seguimos raciocínios bem fundamentados, geralmente ditados por uma premissa irracional básica chamada amor. O que significa que, se estamos apaixonados, com frequência ignoramos o que nosso instinto está nos dizendo e, em vez disso, escutamos a voz que fala mais alto, dizendo que está tudo bem quando na verdade não está.

Ou seja, você pode fazer esse jogo de dois jeitos. Ou decidir ser honesta e aberta, ou decidir parecer ser assim quando essa não é a verdade.

O caminho que vai escolher depende de você. Cada rota apresentará diferentes custos e benefícios.

Digamos que você decida ser aberta e honesta. Esse é o jeito mais fácil. Ele faz com que você tenha todo o moral e permite que durma tranquilamente à noite. Isso também quer dizer que ele nunca vai pegá-la com a boca na botija, porque não há nada a esconder. Além disso, e presumindo que ele também seja um indivíduo equilibrado, significa que o instinto dele estará dizendo que você é uma aposta segura, que é alguém em quem se pode confiar, e isso carrega junto enormes vantagens. Como ele sabe que pode confiar em você, ele confiará. E o elemento da confiança vai cimentar ainda mais os sentimentos dele, assim garantindo que ele seja mais aberto, honesto e confiante.

A segunda opção é se fechar e agir de forma desonesta. Essa é uma proposta bem mais complicada. E com um risco substancial.

Você só precisa ser pega em uma única mentira para a confiança ser perdida por completo. É claro que você pode tentar encobri-la com outra mentira, e mais outra em cima dessas duas. No entanto, a dificuldade adicional dessa rota é que você tem de se lembrar de tudo o que falou. Se você não tem memória de elefante, essa será uma tarefa difícil.

Você descobrirá que uma ou duas taças de vinho, algo que você ama, passaram a ser um risco ocupacional. *In vino veritas*, o vinho diz a verdade. Em outras palavras, você acabará dizendo a coisa errada na hora errada uma vez que esteja sob a influência do álcool.

Algumas pessoas são mentirosas talentosas. Elas mentem com facilidade, frequência e audácia. A prática leva à perfeição, então, se contar mentiras tem sido o seu comportamento padrão a vida inteira, você deve ser bem boa nisso.

A Dama Misteriosa me contou que era mentirosa, e disse que todo mundo mente, ou seja, não é nada de mais no fim das contas. Agora, estamos falando de uma mulher que era considerada linda pelos parâmetros de todo mundo, e ela teve uma educação de primeira classe e tinha uma mente incrivelmente afiada. Em vez de contar mentiras do jeito normal, ela mentia por omissão. Ou seja, ela deixava certas coisas de fora, omitia-se de falar certas coisas para uma pessoa e pensava que tinha se safado.

E ela se safou mesmo, com muita gente. Mentindo no trabalho, mentindo para a família dela, para os amigos... Ela contava mentiras o tempo todo e nunca era penalizada de verdade. Afinal de contas, as mentiras não eram muito importantes, e o relacionamento que ela tinha com aquelas pessoas não era dependente de a verdade ser dita nem sequer se tratava de um relacionamento especialmente íntimo.

Com os caras, porém, era diferente. Ela era bonita, então não tinha problema nenhum para atrair homens. Era esperta e não tinha escrúpulos, assim, costumava dar corda para os homens, não raro para muitos deles ao mesmo tempo. Ela se divertia bastante sendo entretida por caras diferentes, em partes diferentes da cidade, em noites diferentes. Era muito difícil ela pagar por alguma coisa.

Com 32 anos, quando praticamente todas as amigas dela estavam casadas e com filhos, ela ainda estava solteira. Bom, digo solteira, mas na verdade ela entra naquela categoria de garota que sempre tem um namorado, mas também sempre está solteira. Ela era boa nesse jogo, uma vez que o jogava desde os 15. Sempre tinha um cara bacana como namorado, às vezes dois, mas também saía com outros caras nesse meio-tempo. Ela costumava dizer que estava procurando pelo Senhor Perfeito, e que saberia que tinha encontrado ele quando não sentisse a necessidade de fazer joguinhos e traí-lo.

O problema era que os namorados que ela arrumava eram uns tapados, enquanto os caras com quem saía não eram, nem um pouco. O pobre coitado do namorado tapado ouvia uma história dela atrás da outra, e caía em todas por ser um tanto quanto otário.

Os caras inteligentes com quem ela saía sacavam a dela rapidinho, e não se envolviam mais do que alguns jantares e noites de sexo fácil.

A Dama Misteriosa bem que gostava de um vinho, e como ela estava acostumada a passar a perna nos namorados com desculpas bobas para justificar suas ausências, e não estava acostumada a estar sob escrutínio, como acontecia quando saía com os homens mais atraentes, inteligentes e bem-sucedidos que ela conhecia, ela presumia que eles fossem como seu namorado e logo era descoberta.

Peixão atrás de peixão vinha, mordiscava a isca dela, e às vezes até colocava o anzol na boca, mas como ela contava um monte de mentiras e entregava o jogo depois de algumas taças de vinho, os peixões logo partiam, procurando por alguém mais confiável.

Da última vez que fiquei sabendo dela, a Dama Misteriosa estava pensando em se mudar para Dubai ou para a Austrália. Ela gostava de climas quentes, vida social ativa, e Londres tinha se esgotado em termos de pretendentes. Ela não tinha percebido que seu jogo era feito para um tipo de alvo bem tapado. Talvez ela achasse que pudesse encontrar um cara rico que fosse prover para ela sem fazer muitas perguntas sobre por que ela carregava camisinhas na bolsa quando não as usava com ele, ou por que ele nunca tinha conhecido os amigos dela, ou que não se importasse com o fato de ela obviamente estar saindo com outros homens enquanto estava em um relacionamento com ele.

A Dama Misteriosa seguiu a trilha desonesta. Como resultado disso, ela não dormia bem à noite, sempre era pega contando mentiras, acabava humilhada e tinha uma péssima reputação.

A Mina do Rock era bem melhor no jogo da desonestidade. Ela era uma mentirosa fantástica e tinha uma memória absurda. No entanto, isso também não a ajudou muito. Ela era invariavelmente pega no ato pelos homens mais inteligentes com quem se relacionava, e, depois de um tempo, apesar de estarem apaixonados por ela, eles iam embora. Ela ainda estava solteira com 40 e tantos anos, era uma mãe solteira com perspectivas profissionais limitadas e um futuro incerto.

Dizem que o crime não compensa. Em alguns casos tenho certeza de que compensa, sim, mas exige que a pessoa esteja para sempre com a guarda levantada, e imagino que deva provocar um senso de insegurança profundo, o que cedo ou tarde deve cobrar seu preço.

Fica claro que, mesmo que você seja extremamente esperta, se lembre de tudo e esteja mentindo sobre tudo há anos, essa estratégia não vai funcionar com o peixão no longo prazo. A não ser que o peixão em questão seja um idiota e só tenha dinheiro porque o herdou ou ganhou em um jogo de azar. Ainda assim, se ele é tapado desse jeito, logo ele e esse dinheiro se separarão. O que não serve para você, a não ser que esteja nessa para pegar o que conseguir e sair correndo.

É bem provável que o peixão esteja bem de vida porque é esperto, pelo menos nos negócios. E daí se deduz que ele vai acabar descobrindo qual é a sua se você tiver o hábito de ser econômica com a verdade. Claro, se seguir as diretrizes aqui estabelecidas, ele se apaixonará por você, e isso acontecerá em um intervalo de sessenta dias. Entretanto, vale lembrar qual o seu propósito aqui, que no caso é fazer com que ele se apaixone para que você acabe bem colocada como a futura senhora Peixão, com tudo o que está vinculado a isso. Ou seja, você não vai querer estragar as coisas sendo pega em uma série de mentiras.

Ser honesta é indiscutivelmente a melhor política. Na verdade, você devia fazer o impossível para ser honesta. Sobre tudo. É claro que isso quer dizer que certos sacrifícios terão de ser feitos, mas é tudo por uma causa maior.

Mulheres demais seguem na direção contrária e pegam a mania de contar mentiras de diferentes dimensões, mas a verdade sempre vem à tona.

Quando isso acontece, em geral não há caminho de volta. Claro, você pode inventar uma história para aliviar as coisas, mas ele vai saber que é só uma desculpa. A partir daí, será apenas um exercício de quantas mentiras ele estará disposto a tolerar antes de dar o cartão vermelho final. Quando ele se cansar, você estará de volta à cena dos solteiros, a ter de se arrastar pelos bares, inscrever-se em sites de relacionamento, e procurar por convites para viajar com amigos bem de vida para o caso de eles conhecerem alguém novo para quem você possa mentir.

O benefício adicional de falar a verdade é que você ficará mais relaxada e consequentemente será uma companhia mais divertida. As mentirosas estão sempre no limite, preocupadas com o que pode vir à tona e com a possibilidade de se entregarem. E aí há a humilhação de quando você é pega. A mulher honesta é mais confiante, mais feliz e por isso mesmo mais atraente.

Resista à tentação de fazer a coisa errada, e aí você não terá de mentir. Seja honesta e isso será evidente, e vai torná-la bem mais atraente para o peixão.

Funciona, você vai ver.

CAPÍTULO 27

A jogada da compaixão

DEIXE QUE ELE SEJA UM Cavaleiro de Armadura Brilhante que irá ao seu resgate.

Caras adoram resgatar damas, então você vai precisar de algumas histórias para despertar a compaixão dele e assim atraí-lo para sua teia. A verdade é que qualquer pessoa razoável vai sentir compaixão por alguém que conhece e teve um pouco de azar. Ele vai focar toda a atenção e preocupação em você, cimentando ainda mais o relacionamento que se desenvolve. O que você vai contar para ele será muito pessoal em natureza, e não tem como falhar se você seguiu os passos descritos nas seções anteriores deste livro.

O motivo é que ele tem se divertido com você há algumas semanas agora. Ele a está conhecendo, gostando de você, e você manteve as coisas leves e envolventes, por isso ele gosta da sua companhia. Na verdade, agora ele mal pode esperar para sair do trabalho para poder ficarem juntos. Você é incrível assim para ele. Tão divertida, tão legal para passar o tempo, e fácil de conviver. E mais, o sexo é ótimo. Basta um estalar de dedos, quando ele quer e do jeito que ele quiser. E você escuta o que ele tem a dizer. Nem a mãe dele parece se interessar tanto.

Em outras palavras, ele está prestes a cair de maduro.

Enfim chegou a hora de elevar um pouco o nível das coisas. Agora você dirá algo sobre si mesma, e ele se sentirá honrado por você ter compartilhado o que for com ele. O que você dirá será tão incrivelmente pessoal que ele ficará convencido que você está apaixonadíssima por ele.

Um pouco antes, sugeri com ênfase que você seja honesta com seu peixão. Agora estou dizendo para falar algo sobre si mesma que é bastante pessoal, mas precisa ser verdade ou pelo menos precisa ter um pingo de verdade. Então dê uma pensada: até a pessoa mais bem resolvida, com a família mais incrível e a vida mais maravilhosa até agora tem um segredo escondido em algum lugar. Esta é a hora de desenterrá-lo. Sinta-se à vontade para enfeitar, realmente construir a história. Hora de fazer sua corrente criativa fluir e de incorporar a atriz também. Precisa ser uma baita atuação. Você quer que ele fique se perguntando como isso aconteceu, como permitiram que tal coisa acontecesse. Que ele imagine quão horrível deve ter sido e que sobrevivente você é por ter saído dessa bem e com vida.

Ah, outra coisa: você só vai contar essa história uma vez.

Depois, não vai mais tocar no assunto. Ele vai presumir que é doloroso demais, que você não vai conseguir falar sobre isso de novo, que você compartilhou a história uma vez para que ele pudesse conhecê-la de verdade, e, que agora que ele sabe, sabe como é? Fim de papo.

Isso vai atraí-lo com muita força. Vai mudar a dinâmica do relacionamento de vocês permanentemente. Ele vai se sentir especial, e como resultado o relacionamento se tornará intenso.

Você deve estar se perguntando o que pode dizer para despertar a compaixão dele, para atraí-lo, para conseguir que você seja o foco da atenção dele, e para que ele queira conhecê-la ainda mais e estar junto.

Como muitas jovens mulheres, você talvez tenha tido um problema com alimentação quando estava na adolescência. Talvez você tenha perdido muito peso. Você talvez tenha precisado ser afastada da escola e mandada para uma clínica aonde, com o tratamento certo e muito tempo, se recuperou por completo. Só que isso pode ter levado dois anos, e você talvez tenha ficado muito doente durante o processo. Afinal, essa não é uma experiência tão incomum no mundo ocidental hoje.

Você talvez entre nos motivos de por que perdeu todo aquele peso. Talvez alguns anos antes disso você tenha tido uma experiência desagradável com um professor da escola. Você era uma das garotas bonitas da sala, e pode ser que o professor prestasse atenção demais em você. Talvez ele colocasse você sentada no colo dele, e você talvez tenha sentido algo estranho, algo duro em um lugar onde não devia estar. Você sabia que não gostava desse professor, mas ele parecia gostar de você, e você não entendia por quê.

Você era uma criança muito sensível. O que aconteceu a deixou muito chateada, então você contou para seus pais. Talvez eles tenham dito a você para não ser tão sensível assim, para simplesmente ir à escola e fazer seu melhor. A atenção indesejada do seu professor continuou. Chegou a um ponto que você não queria mais ir à escola. Você se recusava. E enfim eles cederam. Você parou de frequentar a escola e foi educada em casa pela avó.

Em poucas palavras, você foi abusada por seu professor e ninguém acreditou em você. Como resultado, você desenvolveu anorexia alguns anos depois. No entanto, conseguiu sobreviver a tudo isso, e aqui está você com seu peixão hoje, viva, bem e feliz.

Essa era a história que a Dama Misteriosa costumava contar.

A Garota Divertida costumava dizer para seus pretendentes peixões que tinha sido modelo quando estava no fim da adolescência. Ela foi convidada a ir para Londres para uma sessão fotográfica e acabou dividindo o quarto de hotel com o fotógrafo por causa de uma confusão qualquer. Ela contou que tinha sido estuprada. Claro que ela foi à polícia e fez um boletim de ocorrência, mas disseram que ela não devia fazer um escândalo porque era a palavra dele contra a dela, não havia testemunhas, não havia marcas nela, e qualquer audiência seria pública e muito traumática, com pequenas chances de condenação. Então ela retirou a queixa.

A Mina do Rock contava uma história inteligente. Ela cresceu em uma família de classe alta do Paquistão. O pai dela era um grande caçador por esporte e frequentemente estava longe, atirando em cabritos monteses em viagens de caça com seus amigos ricos e clientes estrangeiros. A mãe dela também não costumava estar por perto, uma vez que tinha criado o hábito de entreter seus amigos homens enquanto o marido não estava na cidade. Naquela parte do mundo era costumeiro — ainda é — que uma família rica tenha uma quantidade considerável de serviçais morando na casa para cozinhar e limpar. A história da Mina do Rock era que determinado membro da equipe a visitava em seu quarto quando ela tinha apenas 13 anos. Ela dizia que o pai teria atirado no homem se tivesse ficado sabendo do que ele fazia com ela.

Outra garota que conheço fisga a atenção e compaixão dos homens dizendo que seu ex-marido costumava abusar das duas filhas deles.

Seja lá o que você disser para ele, tem de ser bom e tem de evocar fortes sentimentos de empatia nele. É melhor se for algo que ele consiga entender, mas não se identificar. Contar para ele uma história sobre como você perdeu todo o seu dinheiro com uma *startup* da qual seu sócio roubou todos os fundos não vai funcionar tão bem quanto uma história como essas acima. Simplesmente vai marcá-la como uma péssima mulher de negócios ou péssima juíza de caráter. Você precisa ter sido uma vítima, não uma baixa de guerra.

Se ele já estiver caindo de maduro, essa história vai unir vocês dois. Ele sentirá compaixão, mas como o que aconteceu foi há muito tempo e não pode ser confirmado, nem deve ser o tipo de coisa que ele contará para outras pessoas.

O fato que você decidiu compartilhar essa história com ele terá um efeito infinitamente importante para fazer com que ele se sinta adorado.

E isso faz com que seja ainda mais fácil capturar esse peixão quando chegar a hora.

CAPÍTULO 28

Você quer se apaixonar um dia

APENAS IMAGINE QUE É POSSÍVEL comprar uma poção mágica e que com ela qualquer pessoa poderia se apaixonar.

Por quanto sairia essa pequena garrafa com seu conteúdo mágico?

O amor é uma dessas coisas que todo mundo quer, mas ninguém pode comprar. O mais rico dos oligarcas russos não pode comprar amor. Nem Bill Gates pode.

Talvez seu peixão seja um incorporador de imóveis rico, com projetos ao redor do mundo. Ele conhece gente o tempo todo a negócios, e isso decerto inclui muitas mulheres solteiras e atraentes, pois elas parecem acabar em ocupações e escritórios onde pessoas como seu peixão fazem seus negócios.

A companhia aérea Virgin Atlantic foi recentemente premiada por ter comissárias de bordo atraentes. Nenhuma surpresa aí. Richard Branson, dono da companhia, é um homem de negócios bastante astuto: mesmo que as muitas companhias aéreas domésticas dos Estados Unidos possuam uma óbvia política de contratação que favorece maturidade e experiência a juventude e beleza, a dele não tem.

Entre em qualquer casa de leilão de alto escalão e você verá uma funcionária atraente atendendo ao telefone e na recepção. Entre no Interior Design Center em Chelsea Harbour, Londres, e verá incontáveis exemplos de coisinhas muito bonitinhas olhando cortes de tecido, peças de mobiliário e carpetes para decorar as casas da elite londrina.

Ou seja, onde os peixões nadam, em suas atividades diárias normais de trabalho e diversão, você encontrará coisinhas bonitinhas como essas em abundância, todas se apresentando da melhor forma possível.

Então como é possível que seu peixão não tenha se apaixonado por nenhuma delas até agora? Porque não se trata simplesmente de aparência.

É bem provável que as coisinhas bonitinhas que ornamentam esses escritórios, casas de leilão, aviões e escritórios de design de interiores de luxo sejam bonitas, porém elas não mandam os sinais certos na hora certa. Muitas delas, até demais, adoram adotar uma atitude que desencoraja muitos homens a se aproximarem. Assim, embora o peixão goste de se apaixonar, não é fácil quando a maioria das mulheres com quem ele tem contato parecem frias, distantes e inacessíveis.

Agora, imagine que ele a conhece e você diz logo no começo que quer se apaixonar de verdade.

Essa é uma jogada muito poderosa. Mostra que você é romântica, que quer se apaixonar e ficar apaixonada. Isso implica em querer que alguém se apaixone por você também. Mostra para ele que você está em jogo e que leva isso a sério.

E mostre para ele que você ainda não está apaixonada.

Essa declaração de intenções direta vai fazer as engrenagens na cabeça dele rodarem. E vai desafiá-lo. Desafiá-lo a fazer o que for necessário para que você se apaixone por ele e mais ninguém.

Não se esqueça de que você não disse que quer se apaixonar por ele. Nem disse que quer que ele se apaixone por você. Em vez disso, você só jogou no ar que amor é o que você procura. Não mencionou dinheiro, filhos, casas com piscina, Cadillacs, viagens exóticas. Nada. Nada além de amor.

Se ele gostar de você, isso fará com que ele comece a agir e pensar diferente. Logo ele começará a pensar: "Beleza, ela quer se apaixonar. Bom, quero que ela perceba o cara ótimo que sou e se apaixone por mim". Ele vai pensar que tem uma chance porque você compartilhou essa informação relativamente pessoal sobre si mesma com ele. Ele vai se tornar um cara mais atencioso, vai ficar mais ansioso para agradá-la e vai fazer o máximo para tirar do caminho os outros homens que ele imaginará também estarem cercando o prêmio que é você.

Se esse peixão está se dando bem na vida, ele estará bem consciente de que uma quantidade razoável de outras mulheres está interessada nele. Ele talvez goste da atenção, mas lá no fundo saberá, ou pelo menos terá uma forte suspeita, que a maioria dessas outras mulheres estão atrás dele apenas por sua capacidade de ganho e base de ativos, e não por gostarem dele de verdade.

O resultado da sua declaração de intenções, de dizer que você quer se apaixonar, é que vai destacá-la dessas outras mulheres. Ele talvez até se sinta um pouco frustrado. Afinal de contas, se ele trabalhou duro para chegar onde está, decerto deve se sentir orgulhoso de suas conquistas até o momento. E se você, ao contrário das outras mulheres, não está especialmente impressionada, então ele não ficará tão seguro de si, de ter você na palma da mão dele para brincar como der vontade. Ele ficará se perguntando o que precisa fazer para impressioná-la, para destacá-lo da multidão de outros homens.

Quando você disser que quer se apaixonar, ele vai querer que você se apaixone por ele.

Essa jogada vai fazer com que o equilíbrio de poder fique a seu favor.

Desse momento em diante, ele estará trabalhando duro para prender sua atenção e seu foco. Ele será um bom rapaz, vai começar a dar presentes e vai começar a mandar mensagens de texto e a ligar com mais frequência, e vai querer vê-la com muito mais frequência também.

Lembre-se de que é importante apenas dizer para ele que você quer se apaixonar. Você não disse que quer se apaixonar por ele. Deixe-o ficar se perguntando. Mantenha-o esperançoso de que você se apaixonará. Esse é o truque aqui. Mais uma vez, a viagem é melhor que a chegada.

Depois disso, considerando que você tenha seguido as instruções previamente estabelecidas aqui e continue a fazê-lo, estará na reta final para atingir seu objetivo, que é virar dona dele em sessenta dias.

CAPÍTULO 29

Entendendo você

A ESTA ALTURA VOCÊ JÁ deve estar com o peixão razoavelmente preso no seu anzol. Ou seja, as coisas estão indo bem. Ele, porém, ainda não está fora da água e dentro do seu barco. Assim, há mais um pouco de trabalho a ser feito.

É hora de dar um tranco emocional nele. O nível de intensidade tem de subir um pouco mais. Agora é o momento para isso. Em termos de pescaria, você quer fisgá-lo. Um pescador experiente faz isso puxando com força a linha assim que sabe que o anzol está na boca do peixe. Anzóis de pesca têm uma rebarba bem sacana na ponta, que corre na direção contrária da ponta afiada no fim do anzol. Quando o pescador puxa a linha, a ponta afiada fura a carne e a rebarba é puxada através dela, fazendo com que o anzol prenda firme. Nesse ponto, o peixe já é praticamente passado. Escapar da grelha agora exige bastante sorte. Ou a linha tem de arrebentar, ficando presa em algo afiado como uma pedra ou hélice até romper, ou o pescador puxa com força demais e o anzol rasga a carne do peixe, soltando-o.

Então agora você quer dar uma puxada na linha. Não forte demais. Só o suficiente.

Você faz isso dizendo que ninguém a entende como ele.

Ele ficará no sétimo céu.

Você diz que ele é único e que, por mais que você tenha se decepcionado com as pessoas no passado, o que vocês têm simplesmente parece diferente, dá uma sensação boa. Você sente que pode confiar nele. Diga que de alguma forma ele parece conhecer e entender você melhor que ninguém.

Isso vai prender o anzol no cara direitinho.

Esse simples gesto vai elevá-lo, colocá-lo em um pedestal, fazê-lo se sentir muito especial. E ele vai amar a forma como isso o faz se sentir.

Estamos falando aqui do equivalente em termos emocionais a administrar uma droga poderosa. Esqueça a cocaína. O barato que ela proporciona dura apenas alguns minutos, e depois disso você fica continuamente caçando moinhos de vento, cheirando mais e mais carreiras em uma vã tentativa de recriar o êxtase e a intensidade daquele barato inicial. Esqueça o ecstasy, a ketamina, os cogumelos e a heroína. Esta é uma droga tão poderosa que fará o viciado voltar querendo mais por anos. O viciado acha que é livre ou que de alguma forma merece isso. Ele vai sentir que tem direito a isso. Ele vai achar que, assim como você deu essa droga para ele uma vez, vai continuar dando para sempre.

Quando ele chega nesse estágio, está apaixonado.

O equilíbrio de poder agora estará bem firme do seu lado.

Chegou A hora de começar a fazer esse poder trabalhar a seu favor.

CAPÍTULO 30

Você é a melhor

É UMA COISA SIMPLES, MAS o jeito mais eficiente de se dar bem com a maioria das pessoas é falar para elas aquilo que querem ouvir.

Coisas básicas, como lembrar o nome de alguém, falar que o cabelo de tal pessoa está bonito, ou que você gosta do sapato que ela está usando, do carro ou da casa dela.

Quando você pensa sobre a dinâmica entre homem e mulher, não há nada que funcione melhor com um homem do que dizer que ele é ótimo na cama. Não apenas bom — ótimo. E faça questão de também falar para os amigos dele que ele é ótimo na cama.

Os homens são otários no que diz respeito a sexo, àquilo que têm pendurado entre as pernas e a quão bons são usando essa parte, não importa qual é a verdade — a maioria dos homens não quer nem saber. Vamos voltar à Pattaya, na Tailândia, cidade costeira aonde garotas pobres e ignorantes da selva vão ganhar dinheiro para sustentar suas famílias. Enquanto uma refeição na cidade delas talvez custe 5 bahts (cerca de 15 centavos de dólar), é possível para uma garota que esteja disposta a se exibir e satisfazer os desejos de um Falang ganhar 10 mil bahts (300 dólares) por dia. Isso é bastante dinheiro na Tailândia, onde uma casa de fazenda lá nos vilarejos do norte pode custar apenas 5 mil.

Assim, as garotas vão para os resorts na costa e se fazem disponíveis para os Falang da Escandinávia, Alemanha, Inglaterra, França, Holanda etc. E é ali que você vê o atestado da pura e simples estupidez dos homens no que diz respeito a sexo e amor.

Incontáveis bares estão cheios de homens velhos, com frequência por volta dos 80 anos, sentados falando com garotas tailandesas lindas, jovens e em idade de casar. Não é incomum que a diferença de idade seja de até sessenta anos. As garotas levam esses homens velhos no papo, e então os acompanham às suas *villas*, aos seus apartamentos e quartos de hotel, onde atendem a quaisquer desejos sexuais que esses velhos possam ter antes de passarem a noite com eles.

Na noite seguinte, o ritual se repete. Por mais difícil que seja de acreditar, esses velhos se iludem até acreditarem que essas criaturas jovens e deslumbrantes os consideram engraçados, atraentes, e que elas gostam de dormir com eles. Eles acreditam nisso apesar da óbvia diferença de idade e do fato que a maioria desses homens, além de estar bem acima do peso, ser careca, muito feio e normalmente ter dificuldade para caminhar.

Quando os homens se sentam no bar com os amigos, você pode ouvi-los contarem as histórias mais absurdas do que cada um fez na cama com sua respectiva jovem garota na noite anterior, quantas vezes fizeram e quanto as garotas gostaram, conforme evidenciado pelo barulho que elas faziam durante os espasmos do processo de fazer amor.

Acredite se quiser, mas esses homens frequentemente afirmam com convicção que suas parceiras de quarto núbeis, de 20 e poucos anos, disseram que ele era o melhor, que ela nunca tinha tido um amante tão habilidoso na arte de fazer amor como ele. E esses velhos babões acreditaram em tudo o que essas garotas disseram.

Os homens acreditaram nessas declarações ridículas e amaram as mulheres por as fazerem.

Agora imagine uma coisinha linda e jovem dando um tratamento especial para um homem velho e gordo. "Você é o melhor, querido." Ou contando uma mentira James Bond — "Ninguém faz melhor que você"[3] — ou uma mentira Britney — "Faça comigo mais uma vez".[4] Ou aquela relativamente sem imaginação, mas que ainda vale a pena e é eficiente: "Você tem o maior pau que já vi na vida". Ou "Seu homem muito sexy". "Quero ter um filho seu."

---

3 "Nobody Does It Better" é o título da música de Carly Simon escolhida como tema do filme *007 — O Espião Que Me Amava* (1977). (N.T.)

4 Trecho da música "Baby One More Time", de Britney Spears. (N.T.)

Adivinhe só, esses caras ficam de quatro de tão apaixonados por essas garotas. E depois eles pagam pela ilusão ridícula que criaram para si mesmos.

Você pode — e deve — fazer o mesmo que essas mulheres. Não se preocupe se o seu peixão for gordo, careca, velho, manco, cheire mal ou sofra de mau hálito. Diga que ele é o melhor que você já teve na vida, que ele a excita como ninguém que você tenha conhecido antes. Não tenha medo de exagerar. Pergunte a ele como é possível que ele ainda esteja solteiro quando é tão atraente e incrível daquele jeito sob os lençóis. Faça o que ele quiser, não importa quão bizarro ou nojento seja. E fale que isso a excita de verdade. Fale que ele é incrivelmente corajoso, selvagem e animalesco, e que nenhum homem a satisfez assim antes.

Ele vai acreditar em tudo o que você disser.

Ele vai começar a se perguntar por que perdeu todo aquele tempo com todas aquelas outras mulheres, sendo que nenhuma delas o apreciava por quem ele é. Ele vai pensar que elas todas eram um bando de mentirosas, que só estavam atrás dele por causa de uma coisa, e que você é mesmo diferente.

Quando você não estiver na cama com ele, faça questão de se esfregar e roçar nele tanto quanto puder. Coloque sua mão no braço dele, na mão dele, e se esfregue como um gato. Você ficará impressionada com o efeito disso.

As moças tailandesas em geral conseguem fazer um cara se apaixonar com bastante intensidade em apenas três semanas.

Faça seu peixão sentir como se ele devesse estrelar um filme pornô com você, e com certeza vai virar dona dele. Para isso, faça questão de fazer sexo como uma estrela pornô com ele. E muito. Se você nunca viu um filme pornô, entre na internet rápido e descubra o que isso quer dizer e como é. Pergunte para ele o que o deixa excitado e faça essas coisas. Diga que fazer isso com ele realmente a deixa excitada. Gemer e fazer barulhos sensuais são sempre boas escolhas. Não economize nos "ooh", "aaah", "assim", "isso" etc. Quando você gozar, faça questão de gritar bem alto.

Esse, minha querida amiga, é o verdadeiro caminho para o coração de um homem. Esqueça o que você pode fazer por ele na cozinha.

CAPÍTULO 31

Elogios levam você longe

A ESSA ALTURA ESPERO QUE você já esteja captando a mensagem de que é muito importante que faça esse peixão sentir como se fosse o único peixe do oceano, que você só tem olhos para ele, e que ele foi a melhor coisa que aconteceu com você a sua vida inteira.

Agora ele já estará apaixonado por você, ou seja, chegou a hora de aplicar a supercola, o que vai significar que ele vai grudar em você como um molusco.

Sua próxima jogada é fazer desse homem o centro do seu universo. Toda concentração e foco que foram necessários nos estágios iniciais desse jogo serão utilizados com grande efeito agora. Tudo o que você aprendeu sobre ele, tudo o que ele contou para você sobre si mesmo — vontades, sonhos e desejos dele —, tudo será reproduzido de tal forma que ele ficará convencido de que você é mesmo a alma gêmea dele, e por mais que seja possível viver sem você, ele não vai querer que uma coisa dessas aconteça.

Você mostrará a esse homem um alto nível de adoração. Vai idealizá-lo como ele nunca foi idealizado antes. Vai continuamente lembrá-lo de quão incrível ele é na sua visão, você vai exagerar as conquistas dele e minimizar as fraquezas. Você definitivamente não vai criticá-lo ou criticar algo que ele tenha feito ou faz. Você apoiará cada decisão e cada ação dele. Para você, esse homem não comete erros. Enquanto outras pessoas talvez tenham desentendimentos com ele, você não tem. Na verdade, seja lá qual for a situação, você sempre ficará do lado dele e o defenderá.

Se ele tiver uma desavença com um membro da família, você o escutará atenta e desenvolverá seu argumento para que não só concorde com ele como o incentive a ficar firme em seu posicionamento, e vai garantir que ele está 100% certo.

Quando ele voltar para casa e compartilhar com você determinada dificuldade no trabalho, mais uma vez você ficará do lado dele, completamente. Se ele disser que assassinou um de seus subordinados porque ele ou ela não estava à altura por algum motivo mesquinho, você deve dizer que ele fez a coisa certa, que o subordinado estava sujeito a isso, que ele ou ela merecia, porque seu peixão está sempre certo sobre tudo e, se alguém foi morto, é porque precisava ser feito.

Você nunca deve passar a ideia de que considera o julgamento dele um pouco equivocado, que ele podia ter feito um trabalho melhor ou tomado uma decisão melhor, que talvez ele tenha agido sem pensar ou que ele estava errado.

Na sua visão ele está sempre certo, é sempre esperto, é ponderado em sua forma de pensar, tem compaixão e é justo em suas ações.

Colocá-lo em um pedestal dessa forma vai grudar o amor dele em você com supercola.

Você deve sempre adorá-lo. Olhe nos olhos dele. Faça isso bastante. E foque seu olhar tão profundamente no dele que ele não poderá ter dúvida do fato de que você o adora até a alma, que não há neste mundo ninguém que tenha feito com você o que ele faz. Use "aquele" olhar. Aquele olhar que diz que ele significa tudo para você, que nada nem ninguém importam para você além dele e de vocês dois.

Você precisa venerá-lo, fazer com que ele pense que é seu deus e que você é a deusa dele. Que juntos vocês podem fazer qualquer coisa, e que, não importa o que aconteça, você estará ao lado dele, sua fiel escudeira, amante, confidente e amparo até o dia de sua morte.

Se fizer isso, e fizer de forma convincente, será dona desse cara. Não por uma semana ou um mês, mas enquanto você quiser. Ele ficará paralisado e viciado na droga que você estará administrando nele. E vai voltar sempre, querendo mais doses.

O falecido presidente norte-americano Ronald Reagan tinha uma mulher assim. Seu nome era Nancy. Ela usou "aquele" olhar nele. E deu a ele apoio, amor, afeição e lealdade constantes. Ela fez isso até o dia da morte dele. Se em algum momento houve uma mulher que poderia dar uma aula avançada de "Adoração, veneração, e idealização do seu homem", era ela. Esse curso devia ser ministrado em Harvard, pois a importância que ele pode ter na vida de uma mulher não pode ser superestimada.

Encontre seu peixão e o acerte com "aquele" olhar, com força. Mantenha esse olhar e você estará feita na vida.

Algumas mulheres talvez sintam que não deviam ter de se comportar de tal forma no século XXI. Que é degradante admirar um homem desse jeito, e que não devia ser necessário, que o homem devia amá-las por quem são e pelo que se interessam, não porque elas brincam de interpretar um papel subserviente para conseguirem o que querem.

Bem, é um mundo livre e cada um com os seus. O fato, porém, é que é inteligente agir dessa forma. Só dê uma olhada em Angelina Jolie. Como você acha que ela roubou o homem casado mais cobiçado de todos da namoradinha dos Estados Unidos, Jennifer Aniston?

Vou contar para você como ela fez: o casal Brangelina surgiu por causa da forma como Angelina fazia ele se sentir, e porque Jennifer provavelmente pensava que não precisava agir daquela forma. Xeque-mate. *Game over*. E tudo porque Angelina entendia o jogo e fazia as jogadas certas, ao contrário de Jennifer.

Não há porque esperar nos trilhos, olhando estrada abaixo e vendo de longe um trem que vem a todo vapor, e não sair do caminho só porque o horário dos trens diz que ele não devia estar lá. O fato é que, se o trem está vindo em sua direção, ou você sai da frente ou é atropelada.

Então deixe as outras mulheres reclamarem que elas não deviam ter de fazer joguinhos e serem legais com seus homens. Deixe que elas digam para si mesmas que têm sido legais o suficiente, que os homens deviam adorá-las, idealizá-las e venerá-las. Que eles deviam estar colocando-as em um pedestal e olhando-as daquele jeito. Deviam, deviam, deviam. Vá sonhando. Enquanto isso, você toma a iniciativa. E verá que ele vai responder a esse tratamento com interesse.

Essa é a questão. Com tantas mulheres se afastando e ficando de boa, há uma oportunidade tremenda para você entrar lá, fazer o oposto e colher a recompensa como resultado. É verdade que isso exige um pouco mais de esforço, mas, quanto mais você coloca de si, mais recebe em troca.

Aposto com você que Jennifer Aniston faria qualquer coisa para saber o que fez de errado e o que Angelina fez de certo para ganhar o homem. Sem dúvida ela dirá que não foi culpa de ninguém, que as coisas simplesmente seguiram seu curso natural, que ficou cansativo e que era hora de ambos seguirem em frente. Lá no fundo, porém, quando estiver sendo honesta consigo mesma, ela vai saber que tinha o maior peixão dos Estados Unidos em sua linha, e que o deixou escapar. Ela vai saber que fez algo errado. Se vai ou não ser honesta consigo mesma, admitir isso e mudar sua técnica de pesca, é uma boa pergunta.

Paul Newman, o ícone de Hollywood, famoso por sua boa aparência, seu sorriso fácil e seus olhos azuis, foi casado com Joanne Woodward por muitos anos. Isso não é comum em Hollywood. Estrelas do sexo masculino e vedetes de Hollywood são como borboletas, pousando em uma flor atraente por um tempo para depois saírem voando e pousarem em outra, depois outra, e aparentemente isso não tem fim.

Quando perguntaram para ele o porquê de ele ter permanecido fiel à esposa, mesmo com todas as atrizes bastante atraentes e bem mais novas com quem ele tinha trabalhado no decorrer dos anos, ele respondeu que preferia ficar em casa e comer um belo bife a sair para lanchar um hambúrguer.

Não tenho dúvidas de que Joanne Woodward cobria Paul Newman de adoração e idealização, que o venerava e o elogiava até o dia em que ele faleceu.

E são o senso comum e uma inteligência incomum que dizem que você deve fazer o mesmo.

CAPÍTULO 32

Mostrando interesse

A ESTA ALTURA VOCÊ DEVE estar indo muito bem. Fisgou esse grande e belo peixão com a sua linha, realmente enganchou seu anzol, e agora vem a hora de puxá-lo para terra firme, de fazer com que ele seja seu de vez.

O método a utilizar neste momento é demonstrar interesse nele. Ou ao menos fazê-lo pensar que esse é o caso.

É difícil haver algo mais sedutor para um homem do que uma mulher demonstrando interesse em sua vida, seus problemas, suas questões, sua personalidade e seu caráter, seu eu. Lembre-se de que você já fez a jogada do sexo e funcionou bem. E ainda está funcionando. No entanto, agora você está elevando o nível do jogo, colocando-o em outro patamar. Afinal de contas, na verdade, sexo ele pode conseguir em qualquer lugar. Se ele está bem de vida, então uma visita a qualquer hotel cinco estrelas em uma área metropolitana vai fornecer acesso fácil a sexo comercial ou semicomercial para ele. Em outras palavras, o sexo que você fizer com ele será ótimo, sem dúvida, mas a verdadeira fisgada será combinar o sexo com seu interesse nele.

Imagine a vida desse cara antes de você aparecer. Ele trabalha duro, arrisca-se muito, vai para casa no fim do dia, liga para os amigos e os encontra para tomar uma cerveja, para assistir a um jogo de futebol, jogar um pouco de golfe ou assistir um pouco de televisão. Tudo muito orientado a caras. E deixe eu contar uma coisa sobre homens, sobre como eles interagem uns com os outros: é tudo provocação, diversão, tomar cerveja e manter a guarda erguida. Se um cara estiver com problemas de algum tipo, é improvável que os mencione no bar local, nem antes nem depois da partida de futebol. Também é improvável que fale sobre isso quando estiver se preparando para acertar uma tacada no 12º buraco do campo de Wentworth em um domingo à tarde.

Não. Não é assim que funciona com os caras.

Os caras se mantêm calados sobre seus problemas quando estão com os amigos homens.

Tomemos como exemplo o caso do câncer de mama entre mulheres *versus* o câncer de próstata entre homens. Qual câncer ganha mais tempo de exibição? Senhor amado, as mulheres mal podem esperar para contar para todo mundo sobre o exame de câncer de mama que fizeram, sobre seu diagnóstico, seu tratamento e como se sentem em cada passo do caminho.

Quando a Garota Divertida foi diagnosticada com câncer de mama, a revista para a qual ela trabalhava pediu a ela que escrevesse uma coluna para manter as mulheres da nação atualizadas com as últimas notícias sobre o assunto. Adivinha o que aconteceu: a circulação aumentou em 30%. Quando tiraram uma fotografia dela na cama depois de perder todo o cabelo na quimioterapia, aumentou um pouco mais. O público simplesmente não conseguia ficar satisfeito.

Até hoje, se você entrar em um bar ou restaurante nos cafundós do Reino Unido, completas desconhecidas, essas mulheres sobre as quais estou falando, vão abordar a Garota Divertida e começar a conversar com ela sobre seu câncer de mama e sobre o delas. Não é incomum que o grupo inteiro de mulheres vá até o banheiro para comparar cicatrizes.

Quando Angelina Jolie fez uma mastectomia dupla preventiva, não porque ela estava câncer de mama, mas porque acreditava correr o risco de desenvolvê-lo, virou notícia no mundo inteiro.

Quando o câncer da Garota Divertida estava em remissão e ela não corria mais risco de morrer, ou pelo menos a morte em consequência do câncer de mama não era mais iminente, a coluna foi cancelada. Ela então passou um tempo como Conselheira de Plantão da revista. Por mais divertido que isso fosse, contudo, não atraía os leitores como uma boa história sobre o câncer de mama dela.

Voltando aos homens. Você consegue se lembrar de sequer uma história sobre uma celebridade masculina de alto escalão que tenha ou tivesse câncer de próstata? Suspeito que não. Ainda assim, um amigo meu que trabalha no campo médico me disse o seguinte: "Blake, nós todos vamos ficar com câncer de próstata e morrer por causa dele, é um fato".

Os homens não falam sobre seus problemas com facilidade, se é que falam, com seus amigos homens.

Eis a oportunidade para você.

Caras querem falar sobre seus problemas, suas inseguranças e seus medos, mas precisam de uma plateia disposta a ouvi-los. E querem que as informações que revelam sobre si mesmos não saiam dali.

Se o seu peixão confiar o suficiente em você, ele lhe contará praticamente tudo. Você acabará o conhecendo melhor até que a mãe dele, talvez até melhor do que ele conhece a si mesmo.

Para que ele tenha essa confiança em você, entretanto, precisa perceber que você não apenas é uma ouvinte atenciosa como também está interessada.

Mostre que você está interessada, que realmente se importa, e esse peixão estará nadando ao lado do barco e pronto para levar uma estocada de arpão. Ops, para vocês que não são mulheres do meio da pesca, o arpão é uma grande lança de metal que o pescador usa para pegar o peixe quando ele está próximo ao barco, para que ele possa ser puxado direto da água para dentro da embarcação.

Se conseguir fazê-lo se sentir confiante o bastante para baixar a guarda e revelar tudo a você, quer dizer que está indo muito bem.

Já é praticamente um caminho sem volta. Uma vez que ele faça isso, será quase como se um interruptor interno fosse acionado no cérebro dele, fazendo com que seja quase impossível recuar.

Você deve mostrar interesse. A questão é: como.

Agora é a hora de fazer algumas perguntas. Não sobre dinheiro nem sobre detalhes do problema dele. Isso talvez seja útil, mas não vai fazer o truque tão bem quanto perguntar sobre como ele está se sentindo a respeito. Ele vai lhe contar tudo sobre os problemas dele, e você vai escutar. Embora seus conselhos sejam sem dúvida muito bons, não é disso que ele está atrás. Na maioria dos casos, ele já decidiu o que fazer e é improvável que siga seus conselhos no que diz respeito a um plano de ação. Lembre-se de que ele é um homem. Pense sobre quando nós dirigimos. Nós nunca admitimos que cometemos um erro e fomos pelo caminho errado, e, mesmo que o façamos, nós nunca damos ré ou viramos o carro. Nós não fazemos essas coisas porque somos homens. Nós não somos programados para admitir que estamos errados e então fazer alguma coisa a respeito. Assim, simplesmente continuaremos dirigindo na direção errada e vamos procurar por algum outro retorno, o que em geral envolve dirigir em um enorme círculo. Demora mais tempo desse jeito, mas assim não temos o erro, por isso funciona melhor para nós.

Você vai perguntar para ele se tem alguma coisa que possa fazer para ajudar. Você vai perguntar se ele está bem. Você vai pedir atualizações, e cada vez que ele atualizá-la, você vai perguntar de novo se tem algo que possa fazer, e vai perguntar de novo como ele está se sentindo a respeito da coisa toda. E escutará em silêncio tudo o que ele disser.

Você vai fazer por ele o que o melhor amigo homem dele não pode fazer. Vai escutá-lo e não vai dizer o que ele deve fazer. Você não vai tirar sarro dele, vai apoiá-lo e vai deixá-lo saber que você está lá para ele agora e que estará lá também mais tarde, a qualquer hora do dia ou da noite. Vai dizer que ele pode ligar a qualquer hora — qualquer hora mesmo, até às três da manhã.

E, quando falar com ele no dia seguinte, vai perguntar de novo como ele está, se está bem, se está se sentindo um pouco melhor.

Como resultado disso, ele vai pensar que enfim encontrou A Escolhida. Essa garota é incrível. Ela é bonita, é sexy, é ótima na cama, é uma companhia muito divertida, todos os meus amigos gostam dela e ela gosta de fazer as coisas que eu gosto de fazer. E também está interessada em mim, em como estou me sentindo.

Uau, que garota.

Por agora, você terá praticamente conquistado seu objetivo.

CAPÍTULO 33

O centro das atenções

SUPONHAMOS QUE VOCÊ SEJA MÃE solteira. Você tem uma filha de três anos. Ela é o mundo para você. É a primeira coisa na qual você pensa quando acorda de manhã e a última coisa em que pensa quando fecha os olhos e vai dormir à noite.

Hora de fazer uma mudança.

É claro que você ama sua filha. Ela é doce, adorável e tudo pelo que você vive.

Contudo, agora você precisa agir como se o seu peixão ocupasse o topo do pódio.

Eis o que vai acontecer se você não fizer isso: o Peixão Gostoso vai levá-la para beber e jantar. Mais cedo ou mais tarde, a conversa será sobre aquele que na verdade é seu maior interesse, que é sua querida filha. Você provavelmente vai contar para ele tudo sobre o dia dela na pré-escola, o nariz melequento... E dirá para ele que o pai dela não a vê há semanas, e que "Nossa, mas não é chocante que ele não se importa?". Você talvez até mencione que seu ex está atrasado nos pagamentos de pensão e que você está realmente estressada com isso.

Você vai tomar outra taça e entrar com tudo em seus problemas e preocupações. Talvez até conte para o Peixão Gostoso toda a história de como seu ex a traiu enquanto você estava visitando sua mãe com a bebê, e talvez conte todos os detalhes sórdidos do longo fio de cabelo castanho que encontrou na sua cama quando voltou da sua viagem de três semanas, e de como ele não teve nem a decência de limpar o lugar e se livrar das evidências do adultério.

Depois você vai contar sobre as ligações recentes que fez e recebeu do seu ex, sobre como a nova namorada dele está grávida e como você está irritada porque isso significa que parte do dinheiro dele será destinada a sustentar essa nova família em vez de vir todo para você.

Você vai contar como a festa de aniversário da Clarinha está chegando, falar do bolo que encomendou, do vestido que ela vai usar e de como a festa acontecerá em uma área externa, por isso você está torcendo para que não chova.

Então há as consultas médicas dela, como você vai até lá e volta sem carro, e toda a questão do plano de saúde e se ainda está sendo pago pela empresa dele ou se você e sua filha estão fora da apólice dele.

Ele escutará em silêncio. O tempo todo que você estiver falando sobre sua filha, ele estará se perguntando o que aconteceu com a garota divertida, misteriosa, atenciosa e sexy que você foi um dia. Ele também estará se perguntando se, e quando, a antiga você voltará, ou se ela se foi para sempre e agora ele está preso com uma mulher que só fala sem parar sobre uma criança de 3 anos que ele não conhece e sobre a qual não quer passar a noite falando.

Claro, claro, há muitas moças por aí que estarão pensando "Ei, eu o escutei e sei tudo sobre os problemas dele, agora é a vez de ele me escutar".

Essas mulheres continuarão sendo mães solteiras até mudarem a sintonia delas. Essas mulheres levam seus preciosos filhos para a creche e pagam para que fiquem sob os cuidados de lá até às seis da tarde, que é a hora que elas conseguem voltar do trabalho. Então vão para casa juntos e a mamãe pode passar as próximas duas horas fazendo o jantar da sua coisinha preciosa, depois dar um banho nela antes de colocá-la na cama às oito da noite.

Vamos fazer as contas? A Mãe Solteira trabalha o dia inteiro para pagar desconhecidos para cuidarem da sua filha das oito da manhã às seis da tarde. Então os desconhecidos veem a filha dela dez horas por dia. E ela vê a própria filha cerca de três horas por dia.

Esse é o preço que a Mãe Solteira paga pela liberdade que toma ao estragar sua chance de uma vida melhor com o Peixão Gostoso por falar sobre algo que ele não quer ouvir. Sim, é verdade, o Peixão devia ouvir você também, certo? Mas por quê? A que propósito isso serve? Isso não permite que você passe mais tempo com a sua filha. Pelo contrário, isso garante que você passe menos tempo com ela.

Ou seja, é uma questão de ser esperta.

Quando você estiver na companhia do Peixão Gostoso, faça questão de falar sobre coisas que sejam do interesse dele. A não ser que você tenha ganhado na loteria e descoberto um tipo de homem que nunca vi nem conheci na vida, isso não inclui falar sobre uma criança que ele não conhece e que foi concebida por outro homem. Simples assim. Fim de papo. É como os homens funcionam. Se você realmente acredita que o Peixão Gostoso é diferente, então vá em frente e continue testando sua teoria. Aposto que, assim que ele tiver outra boa pretendente, vai desaparecer. Virar passado. Sumir para nunca mais ser visto.

Agora, digamos que você adote o meu conselho e siga na outra direção. Em outras palavras, você sai com ele e faz dele o centro da sua atenção. Faz tudo girar ao redor dele. O dia dele, os problemas dele, os filhos dele, a família dele, as questões dele, tudo dele. E você fará isso toda vez que saírem juntos.

Sempre lembrando que, fazendo isso, você será dona dele em sessenta dias. Ou seja, isso quer dizer escutá-lo e fazer com que ele seja o centro da sua atenção por sessenta dias. Depois dos quais ele estará total e completamente seduzido.

E, uma vez que ele esteja total e completamente seduzido, você estará em posição de fazer o que bem entender. Contudo, você tem de chegar lá primeiro. E tem de fazer por merecer. Não, você não merece como se fosse um direito divino. E não, você também não tem direito a isso. Você tem de fazer por merecer. Na verdade, nem é tão difícil assim. Por isso, guarde para você as suas histórias sobre a sua filha, daí ligue para sua mãe na manhã seguinte e fale do assunto por três horas consecutivas se quiser, mas não estrague uma coisa boa falando com o Peixão Gostoso sobre isso. Mesmo que ele pergunte, dê uma resposta curta, ele só estará perguntando por educação. Se você mantiver qualquer explicação curta, isso só vai aumentar o mistério sobre você, o que é sempre uma coisa boa.

A troca é simples. Se você acredita que o Peixão Gostoso devia ouvi-la falar sobre a querida Clarinha a noite inteira, então vai poder ver a querida Clarinha três horas por dia, enquanto os desconhecidos da creche vão ficar com ela dez horas por dia. E você vai passar o dia inteiro em um escritório fazendo um trabalho que deve amar fazer.

Ao contrário, se você optar por não falar sobre a Clarinha enquanto está em um encontro com o Peixão Gostoso, poderá passar dez horas do seu dia com ela. Você não terá de trabalhar. E poderá ir à academia para fazer aquelas aulas de *spinning* que costumava fazer quando tinha um parceiro que provia tudo.

Cito mais uma vez o filósofo cambojano, o renomado J Pow: "Depende de você".

Faça as contas. Descubra o que é importante de verdade para você. Pergunte-se se é mesmo razoável insistir e acreditar que a melhor coisa para você e sua filha é que o Peixão tenha um interesse imediato e anormal nela. Ou é melhor para todos que você mantenha a vida da sua filha separada dos negócios que faz para capturar o peixão até que ele esteja fisgado, eviscerado e no gelo em terra firme?

Seja esperta ao jogar, faça dele o centro da sua atenção enquanto estiverem juntos, e tanto você quanto sua filha vão se beneficiar imensamente disso. Ele vai se interessar mais pela sua filha se você não a empurrar goela abaixo. Sei de muitos exemplos nos quais a mulher foi esperta ao jogar e as coisas passaram de Mãe Solteira para senhora Peixão Gostoso, e ele acabou amando a filha dela como se fosse dele, e pagou por toda a criação e educação da criança.

Seja esperta ao jogar, ou outra pessoa será.

Faça do cara o centro da sua atenção, pelo menos enquanto ele estiver em sua companhia.

CAPÍTULO 34

Desejo e sacrifício

Vi uma entrevista com Jerry Springer na qual lhe perguntaram por que as pessoas iam ao programa dele.

Caso você não esteja familiarizada, Jerry Springer é o apresentador de TV responsável por inventar o fenômeno global chamado *talk shows*. As emissoras amam esse formato porque ele é muito lucrativo. Não há grandes estrelas do cinema ou celebridades televisivas que exigem cachês imensos, hotéis cinco estrelas com as paredes pintadas da cor favorita ou jatinhos particulares para irem e voltarem do estúdio de televisão.

São apenas pessoas comuns, frequentemente ignorantes, mas com uma história para contar. E saem barato porque não precisam de cachê.

Por que elas vão a um programa e lavam sua roupa suja para o mundo inteiro assistir? Será que elas querem aqueles quinze minutos de fama descritos por Andy Warhol ou haveria alguma outra explicação?

A explicação de Jerry Springer foi que as pessoas que iam ao seu programa só queriam ser ouvidas. Ele disse que muitas delas não tinham empregos de alto escalão, não comandavam empresas nem gerenciavam muitas pessoas. Elas não iam a reuniões nas quais alguém lhes perguntasse o que pensavam sobre isso ou aquilo. Ele disse que ninguém nunca perguntava para essas pessoas o que elas pensavam sobre nada.

Eis que basta elas fazerem uma ligação, gratuita, para uma emissora de televisão, e súbito estão na TV. “O quê? É simples assim? Por quê?”, elas perguntam. A resposta que recebem é que os espectadores querem ouvir a história delas. “Você está falando sério? Será que as pessoas querem escutar minha história?", elas se perguntam. "Isso pode ser verdade? Ninguém nunca quer ouvir minha história", elas estão pensando. Sentem-se lisonjeadas, ainda que se perguntem se é verdade mesmo.

Então, só para provar que é verdade mesmo, uma limusine as busca em casa, leva-as até o aeroporto, e aí de repente elas estão em um avião, tudo pago pela emissora. De lá, são conduzidas a um hotel onde passam a noite, de graça. No dia seguinte, uma limusine as leva até o estúdio e elas conhecem Jerry. Jerry. Aquele Jerry da TV, o cara famoso. Elas estão conversando de verdade com Jerry. E esse cara famoso quer saber tudo sobre elas. Ele quer saber de tudo e escuta muito bem. E é um cara bacana. Uau. Isso é legal. Ninguém nunca me tratou tão bem assim antes. Por isso vou fazer exatamente o que Jerry quiser e vou contar minha história muito bem.

O resto é o que já sabemos: o programa de Jerry vem sendo exibido há trinta anos, o que faz dele um dos melhores apresentadores do mundo, quase em concorrência com Oprah.

O que funciona para Jerry também vai funcionar para você.

Não estou comparando seu peixão ao típico convidado especial do programa de Jerry Springer.

Claro que não. Bom, espero que não seja. Contudo, a natureza humana é a natureza humana. E o seu peixão vai amar contar a história dele tanto quanto os convidados de Jerry amam contar as deles.

Basta que você deseje ouvir as histórias dele como Jerry deseja ouvir as histórias das pessoas no programa para que você esteja indo bem. Jerry construiu um império televisivo com sua habilidade de ouvir as pessoas em seu programa. Ele é um cara incrivelmente inteligente. Bastante ativo na política, um famoso ativista liberal, e um cara bacana no geral. No entanto, para ser honesto, às vezes não tem como não se perguntar de onde ele tira forças para fazer isso. Quer dizer, as pessoas e os nomes são sempre diferentes, mas as histórias são sempre as mesmas. Sem dúvida, depois de cinco anos ouvindo as mesmas velhas histórias, ele já devia estar bem entediado com a coisa toda. E depois de dez anos então? Fala sério. É tipo o Dia da Marmota, do filme *Feitiço do tempo*.

Jerry vem fazendo isso há trinta anos. *Trinta* anos. E, como diria Frasier Crane, ele ainda está escutando.

Se Jerry consegue escutar as mesmas velhas histórias por trinta anos, por quanto tempo você consegue? Quanto isso vale para você?

Dizem que é de Kate Moss a frase “Nada tem um gosto tão bom quanto a sensação de estar magra”.

Ela construiu um império com o sacrifício que fez no que diz respeito à comida. Ela tem 40 anos e ainda tem corpo que agraciaria a capa de uma revista masculina — sendo bem paga para isso.

Nós estamos falando aqui de um pouco de sacrifício. Jerry ouve a mesma história há trinta anos. Kate Moss não faz uma refeição decente há vinte anos. E veja só aonde eles chegaram como resultado disso.

Seu trabalho é fazer algo similar, mas em escala bem menor. Seu trabalho é escutar as histórias dele. Apenas escutar. Não falar. Seu trabalho não é escutar uma das histórias dele para então ser sua vez de contar uma. Não, não. Você não vai construir um império assim. Nem mesmo um castelinho.

Ouça as histórias que ele conta sobre si mesmo, qual o carro favorito dele, a marca de tacos de golfe, porque ele prefere Budweiser a Miller, porque ele gosta do bife dele bem-passado, porque ele odeia o Yankees, mas ama o Red Sox, porque ele precisa de uma reposição de quadril, mas não consegue decidir se já tira isso da frente ou espera mais alguns anos.

Se Jerry conseguiu fazer isso durante trinta anos, você consegue fazer durante os sessenta dias que levará para fisgar e capturar esse cara. Afinal, é tudo por uma boa causa — que no caso é você.

Se você sair para uma caminhada tarde da noite pela Beach Road de Pattaya, na Tailândia, por volta das quatro da manhã verá dúzias de mulheres em fila, procurando clientes. O que é estranho, porque a prostituição é ilegal na Tailândia, mas ainda assim você encontrará meia dúzia de prostitutas paradas uma do lado da outra, e também verá um policial cochilando sentado em sua motocicleta há apenas alguns metros de distância.

Fico encafifado quando vejo isso. Quer dizer, é um país onde os esgotos fedem e os ratos correm de um lado para o outro na madrugada, é impossível não se perguntar: por que as garotas fazem isso? Primeiro, é ilegal. Segundo, dificilmente é seguro ir para um quarto de hotel fazer sexo com um completo desconhecido. Terceiro, há o risco de contrair doenças. Então por que elas fazem isso?

Opções.

Elas fazem isso porque as outras opções disponíveis para elas são ainda menos aprazíveis. Talvez a única outra opção que elas tenham seja trabalhar em um restaurante, ou bar, onde talvez ganhem 3 mil bahts ou uma nota de 100 dólares por mês. Até em Pattaya isso não vai levá-la muito longe. Outra opção é trabalhar em um seringal, escravizada no campo sob o sol tropical doze horas por dia. E se você escorregar e ficar com um dedo preso na máquina o problema é única e exclusivamente seu. Convênio médico como benefício do trabalho? Esqueça. O motivo pelo qual garotas pobres tailandesas cuidam de si mesmas, comem bem e se mantêm magras é que elas não podem ficar doentes. Levando tudo isso em conta, decidem que a melhor opção é ir para a estrada da praia às quatro da manhã e vender o corpo.

Já as suas opções são, para sua esperança e alegria, muito melhores. Você pode escutar bem o que ele fala, e isso pode fazer com que você acabe com um peixão que será provedor para você e seus filhos. A não ser que você seja extremamente azarada, as histórias do seu peixão tendem a ser pelo menos tão interessantes quanto as que Jerry escuta o dia inteiro, todos os dias.

É um pequeno sacrifício a fazer. E você pode comer muito mais do que Kate come. E você não tem de trabalhar em uma fábrica de motocicletas ou vender seu corpo na Beach Road para conseguir o que quer.

Então escute as histórias dele. Ele sem dúvida terá opiniões sobre política, religião, esportes, carros, cerveja, sobre qual o melhor jeito de criar filhos, o significado da vida, como o novo mundo foi conquistado, o universo, a Segunda Guerra Mundial... E ele vai amar falar sobre tudo isso para você.

Apenas outro pequeno sacrifício a ser feito para que você chegue aonde quer chegar. Como diz a velha canção de Bob Dylan, "Gotta serve somebody", todos nós temos de trabalhar para alguém.

O sacrifício que você fará aqui, os minutos e as horas que passar ouvindo--o falar tudo desde o molho de churrasco mais gostoso até porque ele acha que Porsches devem ser na cor prata, será o melhor investimento que você fará na vida.

Decerto ele terá muitas ideias. Ideias de como ganhar dinheiro. Ideias de comprar determinada casa de férias. Ideias sobre o mercado de ações. Ideias de lugares para ir aos fins de semana. Escute-as todas e aparente estar ansiosa pela próxima, seja lá qual for.

Ele vai abusar dos seus ouvidos, e isso vai aprofundar a ligação emocional que ele tem com você. Experimente e verá.

CAPÍTULO 35

Puxando a linha dele

ATÉ AGORA TUDO TEM GIRADO ao redor dele, em grande parte pelo menos.

Se você seguiu todos os passos estabelecidos neste livro até agora, ele absolutamente adora você. Não importa o que as outras pessoas pensem ou digam em contrário, você foi a melhor coisa que aconteceu na vida dele. Como você o faz se sentir bem pra caramba, ele fará de tudo para preservar as coisas como elas estão. E vai ignorar toda e qualquer coisa que não se encaixe ou entre em conflito com a imagem que ele agora tem de você.

Agora é hora de virar um pouco o jogo, mas isso tem de ser feito de forma sutil.

Ele está fisgado, e o anzol prendeu com força.

Conheci exemplos de homens que estavam nesse estado e ignoravam por completo a verdade, simplesmente não queriam vê-la bem na cara deles, e tudo porque já tinham ido longe demais. Coisas que você não acreditaria.

Um exemplo é o do australiano bonitão de 30 anos, cujo coração foi despedaçado por uma namorada. Ele tirou férias e foi para a Tailândia, onde conheceu uma *ladyboy*. Para aquelas de vocês que talvez não estejam familiarizadas com o termo, uma *ladyboy* é uma mulher transexual tailandesa — nascida geneticamente como homem, ela passa por uma série de operações para mudar de sexo e ser fisicamente do gênero com o qual se identifica. Por algum motivo, parece haver uma grande quantidade delas na Tailândia, e você teria dificuldades para apontar a diferença entre uma *ladyboy* de lá e uma mulher tailandesa padrão. O velho ditado entre os Falang é que as pessoas realmente atraentes na Tailândia são as *ladyboys*, e não as mulheres. Claro, é difícil de acreditar numa coisa dessas, mas se você viajar para lá um dia verá do que eles estão falando.

Enfim, nosso jovem homem heterossexual australiano tem seu coração partido por uma garota australiana, e seus amigos resolvem levá-lo à Tailândia, pensando que com um pouquinho de sorte ele vai conhecer uma bela jovem tailandesa ou russa, ter um casinho de férias com ela e assim tirar da cabeça a ex-namorada que ficou em casa.

Bom, o plano funcionou. O único problema é que funcionou bem demais. E a situação se complicou porque o rapaz ficou de quatro por uma *ladyboy* de 20 anos. E ele não tinha vergonha nenhuma disso também. Postava fotos dos dois por todo o Facebook. Ele a levou para a Austrália para conhecer os pais dele, que ficaram horrorizados. E ele vivia cobrindo-a de tudo o que ela pudesse desejar, de iPhones novinhos a frutos do mar caríssimos, tanto para ela como para a família estendida dela. Ela logo tinha um cartão de banco vinculado à conta dele e podia sacar dinheiro conforme bem entendesse.

Como isso pôde acontecer? Aconteceu porque a *ladyboy* o fez se sentir bem. E, quando alguém faz você se sentir realmente bem, aí não importa de onde você vem, qual a sua aparência nem seu sexo.

Seu julgamento fica em suspenso uma vez que o gancho está preso e firme.

Seu objetivo, então, é fazer com que seu peixão engula bem o anzol, que o gancho esteja tão fundo na goela que não haja jeito nenhum de ele se soltar quando você começar a puxar a linha.

Se uma jovem, pobre e ignorante *ladyboy* tailandesa consegue fazer isso com um macho heterossexual australiano, você consegue fazer com seu peixão.

Outro exemplo é a situação na qual outro homem bastante inteligente se apaixonou tão profundamente por uma mulher que ignorou o fato de que pegou doenças sexualmente transmissíveis dela não uma, nem duas, mas três vezes. Mesmo assim, ele perseverou no relacionamento. Na verdade, ele tinha tanto medo de perder o relacionamento que não ousava sequer confrontar a namorada sobre a questão da fidelidade. Ele queria tanto continuar se sentindo da forma como se sentia quando ela estava sendo legal com ele que ignorava o fato óbvio de que ela o estava traindo na cara dura. Quando um homem faz esse tipo de coisa, você sabe que o anzol está preso com força.

A Mina do Rock teve um namorado que era tão apaixonado pela sensação que experimentava estando com ela que ignorava algumas provas muito claras e poderosas de que ela o estava sacaneando, ao ponto de ele também ter pegado dela uma doença sexualmente transmissível, mas comprava as desculpas dela em vez de exigir a verdade e uma explicação.

O que aconteceu foi que ela foi ao México para o casamento de uma amiga. Como costuma acontecer em eventos desse tipo, em uma linda localização, com o amor no ar, ela conheceu um convidado, um cara bonito, e teve um caso com ele durante as duas semanas que ficou lá. Nem preciso dizer que ela manteve isso em segredo e não falou nada para o namorado na época, que estava ocupado trabalhando em Londres.

Enfim, as férias terminadas, ela voltou para Londres e voltou à rotina. Ela estava com o anzol firme no namorado em Londres. Tanto que ele resolveu surpreendê-la comprando móveis novos para a sala do apartamento dela. Ele tirou a segunda-feira de folga e organizou para que os móveis fossem entregues, tudo sem o conhecimento dela. Enquanto ele estava arrumando as coisas, encontrou alguns trocados e recibos que tinham caído atrás do antigo sofá. Os recibos eram de itens comprados em uma farmácia no México, do tempo em que a Mina do Rock passou lá para o casamento. E lá estava em plena vista um recibo de aspirina e lubrificante íntimo. O namorado perguntou para ela sobre o lubrificante íntimo e porque ela o tinha comprado, e ela respondeu que a noiva usava muito aquele negócio e estava ficando sem, por isso ela tinha comprado um pouco. Até que é uma boa desculpa, mas fala sério! Se aquele anzol não estivesse entalado no meio da goela dele, ele teria saído andando na mesma hora, para nunca mais ser visto.

Mas — e por causa da forma como ela tinha feito ele se sentir até então — ela se safou. Ele ficou, e ela continuou o sacaneando como o bobo apaixonado que ele tinha se tornado.

Como pode ver, a droga que administrou empregando as técnicas descritas antes vai permitir que você vire o jogo agora e faça praticamente tudo o que quiser. Ele talvez queira fazer algo a respeito, mas não terá forças para tanto.

Ele não vai querer chateá-la ou mexer na ordem das coisas, por medo de você negar o suprimento da droga do amor na qual agora ele é viciado.

Agora você está em uma posição de poder imenso.

Eis a hora ideal de puxar ainda mais a atenção e preocupação dele para você.

E você faz isso sutilmente, transformando seu interesse nele com o passar do tempo.

As coisas vão deixar de ser sempre sobre ele. Tudo vai girar ao seu redor. No entanto, ele vai passar um aperto para notar a diferença. Você ainda estará interessada nele, mas não estará mais interessada nas coisas que o interessam, porque agora estará interessada em coisas que dizem respeito a você, e não à cor do Porsche dele ou às ideias dele para redecorar o apartamento em que ele mora. Seu interesse se torna o interesse exclusivo dele em você, no que ele pode fazer por você, em vez do que você pode fazer por ele.

Ou seja, agora o jogo mudou.

No começo você lhe deu tudo. E ele amou isso. Agora é hora de colher a recompensa desse sacrifício. Agora ele fará de tudo para voltar ao lugar onde estava. Você ainda vai mostrar interesse nele, nas ideias dele, nos pensamentos e nas preocupações dele, mas ficará especialmente interessada quando eles se relacionarem a você.

Quando ele falar sobre ideias para vocês dois saírem de férias, você ficará bastante interessada e o tratará bem. Quando ele falar sobre redecorar o seu apartamento e comprar uns móveis bacanas para você, você mais uma vez ficará bastante interessada e o tratará bem.

É como o experimento com os cachorros de Pavlov. Esse cara foi bem treinado por você, ele aprendeu que se falar você vai escutar, e sabe que se sente muito bem quando está com você, portanto, agora ele fará de tudo para manter essa época boa viva.

E ela continuará viva, desde que ele continue se comportando. Você vai recompensá-lo, desde que ele se interesse em você e no que você quer, e com o passar do tempo ele vai passar a acreditar que devia estar pensando em você, que é perfeitamente justo e razoável que ele mostre mais interesse nas coisas que dizem respeito a você, e então fará isso.

De forma um tanto quanto bizarra, o jogo vai virar agora, o que faz com que o foco passe a ser você e no que ele pode fazer por você, fará com que os sentimentos dele fiquem cada vez mais fortes. O cara que tinha todo o poder apenas algumas semanas antes, quando tudo girava ao redor dele, agora está no banco de trás. Neste momento, tudo gira ao redor de você.

O peixão está agora a apenas alguns centímetros do barco, pronto para ser capturado. No entanto, antes você precisa cansá-lo um pouco...

CAPÍTULO 36

Ternura tem seu preço

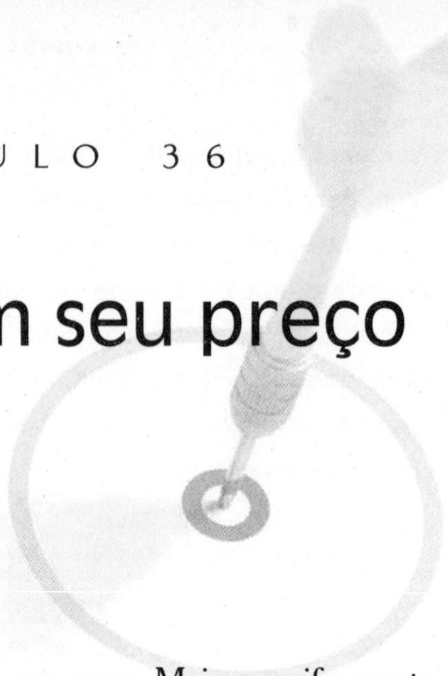

SEU PEIXÃO AGORA ESTÁ VICIADO no seu amor. Mais especificamente, está viciado na forma como você o faz se sentir quando está sendo legal com ele, e fará qualquer coisa para que essa sensação continue.

Você já foi a um desses espetáculos nos quais o treinador recompensa o animal com um pouco de comida quando ele faz determinado truque do jeito certo? Pense naqueles parques aquáticos gigantes, onde enormes baleias orcas são abrigadas naquelas pequenas piscinas nas quais as treinadoras conseguem que façam todo tipo de truque em troca de alguns punhados de peixe fresco.

Aquelas pequenas moças conseguem controlar as ações de um mamífero de várias toneladas em troca de alguns bocados de comida.

Elas fazem isso treinando esses animais inteligentes com repetição. Faça o truque direito e você ganhará um pouco de peixe. Faça direito de novo, e você ganhará um pouco mais de peixe.

Essa técnica recompensa o animal por um comportamento positivo. Os treinadores das antigas faziam do jeito contrário: amarravam um urso em uma estaca de madeira e então batiam nele com um pedaço de pau até que ele fizesse o truque direito. Nesse caso, a recompensa era ser deixado em paz.

Qualquer um desses métodos funciona. Você talvez pense que o animal que está sendo treinado preferiria uma recompensa positiva em vez de simplesmente não ser espancado por fazer a coisa certa e se comportar de acordo com a vontade do treinador, mas o júri ainda está analisando essa alternativa. É grande demais o número de treinadoras de baleias orcas em cativeiro para o entretenimento de uma plateia que acabam mortas por esses mesmos animais para que isso seja apenas uma casualidade ou incidente isolado.

De acordo com o famoso zoologista educado em Oxford, Desmond Morris, o comportamento humano é muito similar ao que você vê nos animais. Em seu excelente livro *The Human Animal*, ele dá uma explicação para por que nós, humanos, nos comportamos da forma que fazemos, explicando até que monogamia não é natural, que ela vai contra o que somos programados por instinto a fazer. Ele explica por que temos múltiplos parceiros sexuais, quem eles são, como são diferentes, e a que propósito servem no aparentemente complexo jogo do acasalamento da espécie humana.

Se você aceita que um animal inteligente como a baleia orca pode ser treinado a fazer truques em troca de alguns peixes e se aceita a ideia central de Desmond Morris, de que na verdade não somos tão diferentes assim dos animais na forma como nos comportamos, em especial quando guiados pelo instinto de acasalamento, então é natural concluir que agora seu peixe pode ser controlado com facilidade por você. Ou através de uma recompensa positiva ou, como o treinador de ursos faz, do cessar de um belo espancamento ou seu equivalente.

A questão aqui é que agora você tem as cartas na mão.

Se o seu peixão fizer o que devia fazer, ele ganhará uma recompensa. Caso contrário, não ganhará nada. Ou ganhará o tratamento duro. Você vai deixar bem claro para ele que não está satisfeita. Depende de você.

Em outras palavras, agora você está em transição. Até este momento, seu peixão teve a sua versão amigável e simpática o tempo todo. Ele foi recompensado positivamente o tempo todo. Quando ele estava falando sobre si mesmo e você estava escutando, ele foi recompensado. Com você sendo amável e o venerando o tempo todo. No entanto, agora você ficou diferente. A torneira não está sempre aberta. Seu amor não jorra nele e transborda 24 horas por dia. Agora a torneira pode ser fechada. E aberta de novo. No entanto, a única pessoa que pode fazer isso é você.

Quando seu peixão nadar na direção que você quer que ele nade, a torneira estará aberta. Você vai tratá-lo com uma ternura extraordinária. Ele vai ficar tão feliz em ter a antiga você de volta, exatamente como costumava ser, que ficará sem palavras. Ele vai querer mais da droga do amor no dia seguinte também. E poderá ganhar uma dose, desde que a trate da forma como você quer ser tratada. Do contrário, a torneira será fechada.

A Dama Misteriosa era boa nesse jogo. Ela amava suas férias luxuosas no Caribe e gostava de ir para lá na alta estação. Fevereiro em Londres não é uma época ótima em termos de clima. Fica frio, venta muito e às 5 da tarde já está escuro. Uma época perfeita para ir para algum lugar quente. Contudo, é claro que todo mundo quer ir nessa época, por isso voos e hotéis ficam caros. Embora ela tenha um emprego muito respeitável em uma empresa de design de interiores de alto nível na melhor parte do sudeste de Londres, ela não ganha muito.

Isso não é um problema, porque ela não paga por suas férias há anos. Em vez disso, ela faz com que um fluxo infinito de peixões bem de vida pague para que ela esteja lá. Assim, as férias dela são Barbados em fevereiro, África do Sul na Páscoa, Bermudas em junho e Ibiza em agosto. Tudo em resorts cinco estrelas, e tudo pago por outra pessoa.

Ela é tão boa nisso que esses peixões fazem qualquer coisa para vê-la feliz. Ela me contou que, quando chegou ao hotel em Barbados, deu uma olhada no quarto, não disse nada, fez uma carinha, e seu peixão imediatamente correu de volta para a recepção para solicitar a suíte presidencial. Claro que ele pagou por isso, apesar dos problemas financeiros que tinha na época. E ela deixou que ele o fizesse. Ela não se ofereceu para pagar metade, sequer uma pequena parte.

Evidente que depois disso ela foi um docinho. Ouviu as histórias chatas dele sobre a família, ouviu todos os problemas da companhia de design gráfico dele pela enésima vez, e então satisfez as similarmente entediantes exigências sexuais dele enquanto fantasiava sobre o sexo que tinha de fato feito com um completo desconhecido que lhe deu uma carreira de cocaína na balada à qual ela tinha ido no fim de semana anterior.

Ela podia fazer isso por muito tempo, uma vez que praticava essa arte havia anos. Percebeu aos 15 anos que os homens podiam ser facilmente treinados a dar o que ela quisesse, e que tudo o que ela tinha de fazer em troca era parecer ser simpática e fornecer o tipo de sexo que eles queriam.

A Dama Misteriosa estava inadvertidamente se comportando da mesma forma que as garotas paradas às quatro da manhã na Beach Road de Pattaya, Tailândia. A única diferença era o preço. O preço na Tailândia é alguns milhares de bahts até que o peixão seja fisgado, e a partir desse ponto passa a ser milhares de euros ou dólares por mês. O preço cobrado em Londres pela Dama Misteriosa é composto por alguns drinques e jantares em restaurantes chiques, e depois viagens caras uma vez que o peixão esteja preso no anzol.

Como dizem na Tailândia, "*same same*", ou seja, "dá na mesma".

É fácil cometer um erro aqui. Com bastante frequência, quando o peixão está preso no anzol, a mulher acaba puxando a linha com força demais, então a linha arrebenta ou o anzol é arrancado da boca do peixão, e ele vai embora. Defensores dessa teoria falam sobre a escola de pensamento "tratar mal para deixar esperto", no que diz respeito a esse assunto. Pode funcionar por um tempo, mas uma hora o peixão vai ficar de saco cheio e cair fora.

É muito melhor recompensar um bom comportamento com um pouco de gentileza. Vai fazer com que ele se esforce mais. Ele vai acreditar que, se você não está feliz, deve ser por culpa dele, e vai tentar consertar isso dando-lhe o que você quiser.

Se você for cruel o tempo todo, é provável que ele conclua que você é uma megera, e assim fica bem mais fácil dar no pé.

Portanto, treine seu peixão para perceber que um bom comportamento da parte dele, conforme determinado e estabelecido por você, vai resultar em ser coberto do amor e da atenção que fizeram com que ele ficasse viciado pra começo de história.

Faça isso bem e poderá manter por anos.

Ele vai pular obstáculos e fazer truques e vai ficar feliz em fazê-lo. Desde que você o trate bem em troca.

CAPÍTULO 37

Afaste-se

QUANDO VOCÊ PENSA EM UM diamante, imagina que eles são caros, e que assim o é porque são joias raras.

Diamantes são lindos, aparentemente são os melhores amigos de uma garota, e, como Shirley Bassey costumava cantar, duram para sempre. Contudo, adivinhe só: eles não são raros. Na verdade, são bem comuns. Uma grande companhia na África do Sul tem uma pilha imensa de diamantes em estoque, e eles controlam o preço controlando a oferta. Sabem que, se colocarem diamantes demais no mercado a qualquer momento, o preço cairá. Então, racionam a oferta, e o preço continua alto como consequência disso. Eles têm feito isso há anos, e funciona muito bem. As pessoas acreditam equivocadamente que diamantes são feitos de um material bruto raro, quando de fato não são. Inclusive, você mesma pode fazer um diamante em casa. Tudo de que precisa é um pedaço de carvão e de um torno forte — bem forte mesmo. Se o seu torno for forte o suficiente, basta colocar seu pedaço de carvão nele e aplicar bastante pressão, e o pedaço de carvão preto se transformará em um diamante. É verdade. Grandes companhias industriais fazem isso o tempo todo, e os diamantes que produzem são utilizados para cortar através de coisas como vidro e cerâmica, ou em qualquer situação na qual uma substância muito dura seja necessária para cortar outra substância dura. A maioria das pessoas não sabe disso, e sucumbem às inteligentes campanhas de marketing da fornecedora de diamantes sul-africana, pagando um preço alto por uma pedra "rara". Se você quiser uma pedra genuinamente rara, há gemas como esmeraldas e rubis, que não podem ser sintetizadas da mesma forma que diamantes.

Agora é hora de você fazer a mesma coisa.

Seu peixão nunca foi tão feliz. Ele enfim conheceu a mulher dos sonhos dele. Ela faz com que ele se sinta melhor que nunca, e ele nunca se dá por satisfeito. Agora ele não vê tanto os amigos porque está sempre com você. E foi muito bem treinado por você para fazer as coisas que você quer que ele faça.

Ou seja, agora é momento de cristalizar essa parceria feliz.

Se ele for como a maioria dos homens, estará amando as coisas exatamente como estão. Ele está se divertindo, você está sendo muito simpática, o sexo é incrível e nunca ninguém se interessou tanto por ele antes. Ele está viciado no seu amor.

Contudo, o que é dele ainda é dele, e o que é seu ainda é seu. E ele tem muito mais que você. E você ainda está pagando desconhecidos para cuidarem da sua filhinha querida enquanto está no seu emprego, fazendo um trabalho que dificilmente pode dizer que ama. Você preferiria ser uma Mãe-Dona-De-Casa, morando em uma bela casa provida por seu Marido-Que-Trabalha. É assim que tem de ser, certo? Não era assim quando você estava crescendo? Sua mãe ficava em casa e seu pai ia trabalhar todos os dias. Era assim que costumava ser. E aí todo esse negócio da liberação feminina aconteceu, e agora parece que o resultado é que as mulheres saem para trabalhar e criam seus filhos, tudo sozinhas. Como isso pode ter acontecido, você deve estar se perguntando.

E isso se tornou a norma. As estatísticas dizem que nos Estados Unidos e na Europa Ocidental metade dos primeiros casamentos acaba. Por isso, há um monte de mães solteiras por aí no ambiente de trabalho, trabalhando duro para as contas baterem no final do mês, enquanto o ex e pai dos seus filhos dá o melhor de si para sumir cada vez mais, inventando toda e qualquer desculpa possível para evitar o pagamento das pensões.

Você não quer ficar nessa situação por muito tempo. Dá trabalho demais e seu padrão de vida ainda assim será baixo — e é por isso que você quer capturar seu peixão.

Então, agora que você já o fisgou, é hora de fazer com que ele perceba o valor do que tem, e como a vida dele talvez fosse se você não estivesse nela.

É hora de se afastar.

Você vai racionar a quantidade de atenção que dá para ele exatamente da forma que a fornecedora sul-africana de diamantes faz com a quantidade de diamantes que coloca no mercado a cada ano. O efeito será o mesmo. O valor do seu amor aumentará. Assim como acontece com qualquer coisa cuja demanda continua constante e a oferta de repente despenca.

Quando você se afastar, ele vai entrar em pânico. Isso representará uma grande mudança na forma como as coisas têm sido conduzidas durante as últimas semanas. Até esse momento, você sempre esteve lá para ele. Foi muito generosa com seu tempo, seu interesse, sua preocupação, seu apoio, seu sexo... Tem sido um período incrível da vida dele. No entanto, agora de repente ele percebe que, diferente dos diamantes do velho ditado, isso talvez não dure para sempre.

Súbito, há um perigo muito real de que toda a felicidade que ele tem sentido esteja correndo risco de desaparecer. Há agora uma chance real de você desaparecer da vida dele para sempre por algum motivo desconhecido, o que significa voltar a frequentar o bar com os amigos, jogar golfe aos fins de semana e fazer sexo solo.

E tudo porque você vai se afastar. Não muito, só um pouco.

Você vai explicar para ele que as coisas talvez tenham ido rápido demais, que você está indo longe demais, que você está com medo de se machucar porque é só mais um casinho para ele. Vai explicar que você já foi muito ferida por caras no passado e não aguenta passar por isso de novo, dói demais. É claro que você também vai explicar que tem sentimentos muito fortes por ele, que ele entende você como ninguém nunca entendeu na vida, mas é tudo muito arriscado para você. Explique que não conseguiria sobreviver a outro término de relacionamento terrível, e que talvez seja melhor vocês se verem um pouco menos em vez de correr o risco de ficar devastada outra vez. É claro que você ainda amaria encontrá-lo quando puder, é claro que você não está dizendo adeus para sempre, é claro que você ainda quer que ele faça parte da sua vida. No entanto, talvez seja hora de levar em conta onde você está, porque começou como um divertimento inocente, mas agora é muito mais que isso para você. E você está com medo. Com medo dos sentimentos que tem e com medo porque estava passando por um momento difícil quando o conheceu — mas agora você se sente muito melhor, e tudo por causa dele, e isso a deixa muito vulnerável.

E então sente e espere.

Você já viu um homem adulto chorando? Bom, basta esperar, porque vai acontecer. Nas palavras de Justin Timberlake, esse cara vai chorar um rio inteiro.[5] Ele vai chorar mais do que quando o cachorro dele morreu. Mais do que quando quebrou a perna. E muito mais do que já chorou na vida por causa de mulher.

Esteja pronta para isso. Deixe acontecer. E depois saia andando.

Agora é hora de deixar a situação fermentar um pouco. Não se apresse para voltar. Dê a ele um pouco de tempo e espaço para pensar. Isso terá como efeito o aumento do preço do seu amor, a um novo nível estratosférico.

Esse cara vai enlouquecer. A mera ideia de não a ver, de não estar com você todos os dias, vai fazer com que ele sinta um arrepio na nuca. Lembre-se de que ele está viciado no seu amor, da mesma forma que algumas pessoas ficam viciadas em cigarro, jogo ou drogas. Ele não vai gostar de não conseguir uma dose diária do seu amor. Se você seguiu religiosamente os passos aqui descritos, esse cara vai achar bastante difícil ficar longe de você, mesmo que aceite sua explicação e entenda que provavelmente também é o melhor a fazer da perspectiva dele também.

O fato é que ele não está mais tomando decisões razoáveis. Ele está viciado, está imerso num mundo da fantasia. Um mundo onde vocês dois vivem juntos em harmonia perfeita, onde você escuta o que ele diz, apoia as decisões dele, o entretém e nunca profere uma crítica sobre ele. Tudo o que ele faz é perfeito, você dá risada de todas as piadas dele, almeja ouvir suas opiniões, e o olha com adoração. Não tem como não gostar. Mas agora essa mulher fantástica tem de ir embora. Ele simplesmente não vai conseguir deixar isso acontecer, mesmo que saiba, num nível racional, que é a coisa certa a fazer.

Ou seja, não vai acontecer. Ele não vai deixar você ir embora.

Agora seu peixão ainda está na água, mas ele está batendo no barco. Você consegue fitá-lo nos olhos. E consegue ver o reluzente corpo aerodinâmico dele na água, a apenas alguns centímetros de você.

O peixão está pronto para ser capturado...

---

[5] Trecho da música “Cry Me a River”. (N.T.)

CAPÍTULO 38

Indisponibilidade

ELE TALVEZ LHE DÊ ALGUNS dias de folga, fique mudo, esperando que você quebre o silêncio na comunicação. No entanto, não vai funcionar.

Por volta dos primeiros trinta dias, essa técnica já até teria funcionado. Ele gostava de você e de estar com você. Afinal de contas, ele estava se divertindo. E, se você estava fazendo as coisas direito, estava fazendo sexo estilo filme pornô com ele. O tipo de sexo que ele considerava inimaginável até conhecê-la.

Você se lembra do personagem Christian Grey, do livro *Cinquenta tons de cinza*? Bom, seu peixão pôde ser ele por algumas semanas, e sem dúvida amou a sensação. Ele terá contado tudo para o irmão, para os amigos, até para o mecânico que fez a troca de óleo no carro dele outro dia.

Contudo, embora o sexo fosse ótimo e ele estivesse se divertindo para caramba, ainda não tinha recebido o tratamento completo. Você não tinha combinado todo o sexo e todas as coisas divertidas com a adoração e a idealização. Você ainda não o tinha colocado em um pedestal. Então se afastar naquele momento não teria o mesmo efeito. Ele sentiria sua falta, porém ela não o consumiria. O sentimento logo passaria, e ele seguiria com a vida, simplesmente marcando a história como experiência.

A esta altura, porém, você já avançou cinquenta dias nesse relacionamento, e na cabeça e alma dele isso ganhou vida própria. Agora o consome. Quando você não estiver por perto, ele ficará se perguntando onde está, com quem está e o que está fazendo com essa pessoa — e isso vai incomodá-lo profundamente. Ele ficará se perguntando se você está fazendo outra pessoa brilhar como costumava fazer com ele. E também vai ficar imaginando todo o negócio do sexo, se você está fazendo, com quem e onde.

Depois de um tempinho, ele vai entrar em contato com você. Vai fingir que não se importa, mas vai sugerir se encontrem uma hora dessas. Você vai concordar. "É uma boa ideia", você dirá. E ele sugerirá um encontro.

Seja lá o que ele sugira fazer, seja lá a data, você dirá que não pode. Você adoraria, mas já está com a agenda lotada de compromissos, então terá de ser na semana seguinte, não tem como antes disso.

Ele talvez tente sugerir que vocês se encontrem antes. Você não deve concordar. Você estará ocupada demais com coisas que não podem ser remarcadas. Então concordará em encontrá-lo na quinta-feira seguinte, e vai deixar as coisas por isso mesmo.

Você não vai mandar mensagens de texto para ele, a não ser que ele mande antes. E mesmo assim vai manter as coisas no nível da educação e amizade. Não tenha pressa para responder nem se envolva em uma troca de mensagens que vai noite adentro.

A ideia aqui é estar indisponível.

Ele tem de experimentar a sensação de você ter praticamente sumido. E ele tem de se perguntar o que você está fazendo em vez de estar com ele.

É claro que a imaginação dele vai correr desenfreada. Todas as inseguranças dele vão dar as caras. Ele vai imaginar que você está sendo banqueteada por um cara mais alto, mais engraçado, mais galante, mais rico, mais generoso e mais sofisticado que ele. E ficará verde de inveja.

Faça bem essa jogada e você poderá continuar com ela por um bom tempo. Assim como acontece com vinho e uísque, o envelhecimento torna o resultado melhor.

A Dama Misteriosa fez esse jogo com um cara por um verão inteiro. Ela se afastou e se tornou indisponível. Toda vez que o peixão entrava em contato e sugeria que eles se encontrassem, ela estava cheia de compromissos: encontrando amigos que vinham de longe e estavam na cidade, ou fora da cidade a trabalho, ou cumprindo obrigações familiares, ou cuidando de parentes doentes, ou não se sentindo muito bem e precisando de um tempo para melhorar. As desculpas eram sempre plausíveis, mas eles dois sabiam que ela estava fazendo outras coisas e saindo com outros caras. Só que nenhum deles ia puxar esse assunto, e ele não fez a pergunta. Seria humilhante demais. Assim, ela inventava as desculpas dela, e ele fingia acreditar.

Só que ele estava ferido por dentro. Ferido porque amava a Dama Misteriosa e porque não podia vê-la. Ela sabia disso. No entanto, ela não ligava. Ela manteve a mente focada em fazer a jogada dela, que era capturar o peixão. Ela era boa nesse jogo; sabia que quando estava com um peixe na linha dessa forma, podia deixar a vara descansando um pouco e jogar com o peixe que não estava tão preso assim na linha. O peixe com quem ela estava jogando decerto suspeitava que houvesse outro na água, não muito longe, e que ele também estava com um baita anzol na boca. Contudo, não havia nada que nenhum dos peixes pudesse fazer a respeito.

A Dama Misteriosa fazia seu jogo com vários peixes, mas nunca, jamais, deixava um peixe saber com certeza que tinha concorrência. E os peixes se deixavam levar e se iludiam acreditando serem o peixe mais saboroso, que era apenas uma questão de tempo até que ela percebesse isso, decidisse largar as outras varas para pegar aquela à qual ele estava preso e o puxasse de vez para terra firme.

Ela me contou de uma vez que as linhas se cruzaram e dois dos seus peixes chegaram a se conhecer. Não foi uma cena bonita. O Peixão Número Um estava em um bar no sul de Londres e esbarrou no Peixão Número Dois. O Peixão Número Dois sabia do Peixão Número Um, mas o contrário não era verdade. Ah, querida... Aparentemente o Peixão Número Dois contou para o Peixão Número Um que estava saindo e fazendo sexo com a Dama Misteriosa havia dois anos. O problema era que o Peixão Número Um estava em um relacionamento com a Dama Misteriosa havia cinco anos. E o Peixão Número Um ficou chocado ao descobrir que o Peixão Dois tinha ido ao apartamento da Dama Misteriosa, tinha feito sexo com ela lá e conhecia a organização do apartamento como a palma da mão.

É claro que não deu nada certo.

No entanto, adivinhe só: a Dama Misteriosa inventou uma desculpa, disse que só tinha conhecido o Peixão Número Dois havia pouco tempo, enquanto estava no processo de se separar do Peixão Número Um, e negou ter feito sexo com o Peixão Número Dois durante os dois anos anteriores.

O Peixão Número Um, por estar apaixonado, decidiu acreditar nela — mesmo que provavelmente tenha suspeitado que ela estivesse mentindo.

Ele decidiu deixar passar porque achou que, se fizesse um escândalo por causa disso, tinha pouca ou nenhuma chance de vê-la de novo.

A Dama Misteriosa fez seu jogo com sucesso, tanto com o Peixão Número Um quanto com o Peixão Número Dois — e com mais uma série de outros sobre os quais nenhum deles sequer suspeitava. Ela fez esse jogo com todos por ter prendido bem o anzol, afastando-se, e então se tornado indisponível.

Estar indisponível, depois de dar ao peixão uma explicação para o afastamento, funciona bem porque faz com que o peixão fique competitivo. Em vez de nadar por aí para encontrar outra pessoa, o interesse dele em você na verdade aumentará. Aumentará por causa da natureza da explicação do afastamento.

Quando amadoras nesse jogo se afastam, costumam o fazer de forma a magoar o peixão, culpando-o, dizendo que não estão interessadas porque ele é jovem demais, ou velho demais, ou já é casado, ou é pobre demais. Quando uma especialista como a Dama Misteriosa se afasta, ela diz a eles que precisa fazê-lo porque não quer se machucar, porque o peixão é mesmo incrível e ela amaria ficar com ele, mas isso não pode acontecer porque ela não pode correr o risco de ficar de coração partido mais uma vez.

Em outras palavras, a Dama Misteriosa se afasta e se torna indisponível porque o cara é atraente demais, incrível demais, e porque seria doloroso demais perder um partidão como ele.

A diferença em método é sutil, mas a diferença em efeito não.

No caso do afastamento da amadora, o peixão vai embora pensando que não perdeu nada. Sim, ele se apaixonou por ela, mas daí percebe que ela dá um trabalho desgraçado, e vai superá-la depressa. Com a Dama Misteriosa, o peixe vai embora, relutante, só que não vai longe. Ele fica nadando de volta e lembra muito bem dela, da forma como ela o fazia se sentir, e a deseja ainda mais como resultado disso.

Depois disso, ele pode ir a muitas festas e conhecer muitas outras mulheres. No entanto, como Sinéad O'Connor cantou, "nada se compara"[6] a ela.

É claro que ele vai se divertir sem ela, mas estará constantemente comparando as novas mulheres que conhece à Dama Misteriosa, ou à Garota Diverti-

---

6 Trecho da música "Nothing Compares 2 U", composta por Prince e lançada originalmente pela banda The Family. (N.T.)

da, ou à Mina do Rock, ou à Dançarina Tailandesa — e essas novas mulheres sempre vão ficar devendo alguma coisa na comparação.

Não estou sugerindo que você se torne indisponível para que possa fazer seu jogo com outros peixões ao mesmo tempo. Esse tipo de coisa é melhor deixar para especialistas como a Dama Misteriosa, e vale lembrar que ela tem feito isso há mais de 15 anos. Fora que isso pode levar a outro problema que você não quer ter:

Opções demais.

Especialistas no jogo, como a Dama Misteriosa, ficaram tão boas em pescar diversos peixões ao mesmo tempo que acabaram se apaixonando pelo jogo. Tanto que perderam o objetivo final de vista — o objetivo sendo trazer o peixão para o barco, de volta para casa, e colocá-lo na churrasqueira. Eventualmente, mesmo que o peixe esteja cego de amor, ele vai perceber que está sendo manipulado, e então, em silêncio, desistirá e escapará do anzol, ao se dar conta de que não há um prêmio por terminar no churrasco dela, afinal.

Portanto, fique indisponível, mas não seja uma pessoa horrível. Não insulte a inteligência do cara com desculpas tão absurdas que ele acabará retaliando de alguma forma.

Outra garota que achou que era boa no jogo estava se perguntando por que ainda era solteira aos 35 anos — apesar de ser deslumbrantemente bonita, ter o corpo de uma dançarina de *pole dance* e um cérebro de primeira classe. O erro que ela cometia era trabalhar partindo do princípio que seus peixões não eram tão espertos quanto ela. Assim, quando ficava indisponível, suas desculpas para não poder encontrar o peixe numa sexta-feira ou sábado à noite iam de estar "cansada demais" a ter de "arrumar o currículo". E o motivo pelo qual ele nunca tinha conhecido nenhum amigo dela era "porque ela não tinha nenhum".

Era mais fácil tê-lo chamado de idiota acéfalo na cara dele. O peixe engoliu tudo, mas começou a jogar com ela também. Em vez de se apaixonar, ele endureceu o coração — mas continuou aproveitando o sexo top de linha que ela oferecia.

Depois de dois anos, durante os quais o relacionamento não se moveu nem um pouco na direção do casamento que ela queria — graças à sua técnica nada habilidosa de pescaria —, foi ela quem saiu andando, e com quase nada para levar da experiência.

Tenha certeza de que, quando ficar indisponível, o fará de forma respeitosa. Insultar a inteligência do cara com desculpas cara de pau não vai levá-la a lugar nenhum, e talvez o preço seja alto para você.

Fique indisponível de uma forma inteligente e respeitosa e você já pode ir pegando o arpão e a rede, porque seu peixão está prestes a ser capturado.

CAPÍTULO 39

Afaste-o

PODE SER QUE SEU PEIXÃO já esteja tão apaixonado por você que ficar indisponível não funcione. Ele talvez não ceda a você o tempo e o espaço que você disse querer e precisar. Lembre-se de que quando ele não puder encontrar com você, vai se sentir da mesma forma que um alcoólatra quando não pode pegar uma bebida, ou como alguém que é viciado em cigarro vai se sentir se não puder fumar. Será ainda pior, na verdade. É provável que ele apresente sintomas extremos de abstinência, e sentirá um desejo frequente e irresistível de entrar em contato com você e encontrá-la. Neste caso, talvez você precise partir para o Plano B: é hora de você afastar o peixe do barco.

No último capítulo, contei uma situação na qual o Peixão Número Um ficou sabendo da existência do Peixão Número Dois. Na verdade, eles se conheceram porque o Peixão Número Dois ficou irado por não poder ver a Dama Misteriosa, então, quando ela ficou indisponível, ele presumiu que ela tivesse voltado para o ex-namorado, Peixão Número Um.

O Peixão Número Dois era do tipo latino briguento, um homem jovem e bonito com um temperamento italiano quente e explosivo. E estava realmente apaixonado pela Dama Misteriosa. Depois de um tempo ouvindo as desculpas dela de por que ela não podia encontrá-lo antes da quinta-feira seguinte, ele decidiu fazer uma pequena investigação. Bastou uma rápida pesquisa no Facebook para descobrir o nome do suposto ex-namorado dela, o qual ele foi procurar em todos os estabelecimentos da região. Depois de um tempo, ele o encontrou, e o barraco teve início.

Os dois caras descobriram que a Dama Misteriosa estivera contando um monte de mentiras para ambos.

E descobriram que ela saía com os dois ao mesmo tempo.

Ai. Isso dói.

A parte engraçada é que, enquanto eles estavam tendo seu pequeno confronto em um bar no sul de Londres, tarde da noite em um sábado, cada qual reclamando a posse do afeto da Dama Misteriosa, ela estava de conchinha na cama do Peixão Número Três, em Chelsea.

Mais louco ainda é que o conhecimento que o Peixão Número Um e o Peixão Número Dois passaram a ter um do outro fez com que ela ficasse ainda mais atraente aos olhos deles.

É claro que ela disse o que cada um queria ouvir, que, embora fosse verdade que ela tinha saído com o outro cara uma ou duas vezes, tinha sido só porque ela fora forçada a fazê-lo, não porque ela queria. Porque ela amava verdadeira e profundamente um deles, não o outro.

E então ela afastou ambos.

Veja só, o problema era que tanto o Peixão Número Um quanto o Peixão Número Dois estavam loucamente apaixonados pela Dama Misteriosa, mas ainda não a estavam procurando de acordo com as condições que ela havia estabelecido. Ela teve de partir para o Plano B para conseguir o que queria de ambos, e fez isso tirando a droga dos viciados.

Tempo certo é tudo. Se você afastar o peixe do seu barco antes da hora, é bem possível que você não o veja mais. É como se você de repente descobrisse que o anzol estava com algum defeito, ou que o nó que prendia o anzol à sua linha não estava amarrado certo. O resultado é que ou o anzol se solta ou a linha arrebenta, e o peixe fica livre.

Em outras palavras, seja bem cuidadosa e só afaste seu peixe quando tiver certeza absoluta de que o anzol está firme e de que a linha está bem presa.

Tanto o Peixão Número Um quanto o Peixão Número Dois tinham jurado amor eterno à Dama Misteriosa, assim como tinham feito um ou dois outros peixes sobre os quais nenhum deles sabia nada naquele momento. Ela estava jogando com o Peixão Número Um fazia um bom tempo. Nesse intervalo, a sorte dele tinha virado e ele tinha se dado mal. Os negócios dele estavam em declínio, e não parecia que iam se recuperar tão cedo. Para completar, o Peixão

Número Um vinha de uma família muito unida e tanto a mãe quanto o irmão dele não gostavam muito da Dama Misteriosa — e o sentimento era recíproco. Isso acontecia porque eles achavam que ela tinha poder demais sobre o Peixão Número Um, e a verdade é que eles estavam certos em pensar assim. Nenhum deles sabia disso, mas a Dama Misteriosa não tinha interesse nenhum em se mudar para um subúrbio tranquilo do sul de Londres e ficar bem próxima de sua futura sogra e seu futuro cunhado. Ela queria morar em algum lugar exótico, algum lugar quente, e de uma forma que significasse que ela podia aproveitar uma vida fácil, cortesia dos empreendimentos bem-sucedidos do seu marido. Não parecia que o Peixão Número Um ia oferecer tudo isso para ela. Portanto, ela o afastou. Ela sabia que, se tivesse feito seu trabalho bem, o Peixão Número Dois diria qualquer coisa para tê-la de volta. Contudo, ela não seria convencida com palavras. Eram ações que ela precisava ver. Assim, ela disse para ele que queria morar fora do país, e que precisava de um parceiro com dinheiro suficiente que bancasse determinado estilo de vida e que permitisse que ela parasse de trabalhar, para quem sabe ter um filho ou dois. Então ela deu um pé na bunda dele.

O Peixão Número Um enlouqueceu. Fazê-la feliz significava deixar a cidade e o país onde ele fora criado e que ele amava. Significava se arriscar e montar um novo negócio. Significava prover ela e um filho ao mesmo tempo. Significava liquidar todos os seus bens no Reino Unido para começar uma nova vida em outro lugar que fosse mais do agrado da Dama Misteriosa. Significava também se separar da mãe, do irmão e dos amigos e mudar para Dubai ou para a Austrália, para que ela fosse feliz.

Esse é um pedido e tanto. No entanto, adivinhe só: depois que se afastar não funcionou, ela empregou a técnica de afastá-lo, aí tudo aconteceu exatamente conforme ela planejara. O Peixão Número Um concordou em fazer toda e qualquer coisa que ela quisesse em troca do prazer da companhia dela e de doses regulares daquela droga do amor.

E, durante todo o tempo que ela estava fazendo a jogada de afastar o Peixão Número Um, também estava saindo com o Peixão Número Dois e preparando-o para sua grande jogada.

Ah, sim, é claro que ela ainda estava na pista para negócio, atirando novas linhas de pesca com anzol e isca na água, para o caso de fisgar um peixe grande de verdade enquanto estava capturando os Peixões Número Um e Dois.

Amadoras nesse jogo costumam ir terrivelmente mal quando empregam essa tática para fechar o negócio. Ou elas fazem a jogada cedo demais ou têm medo de fazê-la.

Se fizerem a jogada cedo demais, antes de o anzol estar realmente firme e antes do cara estar de fato viciado no amor delas, correm o risco de o cara desistir. Caso elas não se sintam confiantes o bastante para fazê-la, mesmo que tenham certeza absoluta de que o anzol está bem firme, nunca vão conseguir fazer com que as coisas aconteçam de acordo com as condições que estabelecerem. Elas serão sempre ofuscadas por ele e pelo que ele quer. Muitas vezes, acabarão vivendo na sombra dele, e a aliança de noivado nunca virá, o casamento nunca acontecerá, nem as crianças ou a transferência de bens para o nome dela.

Quando for a hora certa e você tiver certeza de que fez tudo direitinho, conforme estabelecido neste livro, seja corajosa e se afaste. Se ele não infernizar sua vida, deixe as coisas assim por um tempo. Saia de circulação. E espere. Esteja preparada para ser paciente. Se você jogou bem, então é uma questão de tempo até que você ouça falar dele. Quando ele piscar primeiro, você terá ganhado poder.

Se você se afastar e isso fizer com que ele venha atrás de você como um touro enfurecido, jurando amor eterno mas nada além disso, parta para o Plano B: afastá-lo. Peça com educação para ele a deixar em paz. Se ele for atrás de você e descobrir que você tem saído com outros caras, não negue. Diga para ele que até onde você estava sabendo, você dois estavam dando um tempo, portanto você não fez nada de errado. Você poderia até falar que presumiu que ele estivesse fazendo a mesma coisa, uma vez que vocês dois não estavam mais juntos de verdade.

Afastar-se vai funcionar com muitos caras. E afastar o cara vai funcionar com os outros.

O resultado será que ambos os tipos responderão à sua jogada lhe dando exatamente aquilo que você quer.

Vai terminar com as regras sendo ditadas por você, e será ele quem pagará por elas.

CAPÍTULO 40

A caçada

AGORA ELE ESTÁ EXATAMENTE ONDE você queria que ele estivesse. Ele prometeu lhe dar tudo que você quiser, e pensa que tudo vai voltar ao normal como resultado. Errado. Você não vai deixar que isso aconteça.

Ao seguir as diretrizes desse livro, você fica com a vantagem. Sua posição agora é muito poderosa. Você está com ele na palma da mão, não é hora de permitir que isso mude.

Afinal de contas, você trabalhou duro para chegar onde está hoje. Você se comportou e foi a namorada perfeita para esse cara por quase dois meses. Agora ele está tão apaixonado que está pronto para fazer qualquer coisa por você. E é assim que você quer que as coisas fiquem.

Lembre-se de que eu disse antes que a pessoa que ama menos é a que tem mais poder. Bom, essa pessoa é você. Não se esqueça disso. Toda aquela bobagem de parcerias igualitárias, que monte de lixo. Ou você veste as calças neste relacionamento ou ele vai vestir. É assim que as coisas são.

Olhando bem de perto muitos relacionamentos nos Estados Unidos e na Europa Ocidental, você verá que ou o marido ou a mulher está na liderança. É raro que um relacionamento duradouro seja resultado de decisões que estejam nas mãos tanto do marido quanto da mulher. É claro que a mídia vai querer que você acredite no contrário, mas é tudo encheção de linguiça.

Você quer estar no comando.

É claro que vai deixar que ele assuma as funções de combate e escalada da montanha corporativa e assim provenha você e seus filhos. Contudo, quando ele chegar em casa depois de enfrentar o campo de batalha diário, deverá reportar ao verdadeiro Comandante Supremo: você.

Antes de ele comprar um carro novo, vai perguntar para você se deve fazê-lo. Antes de ele fazer qualquer plano para as férias, vai perguntar para você o que acha. Antes de ele fazer qualquer investimento, vai perguntar para você qual a sua opinião a respeito.

A única razão pela qual ele fará isso é porque você criou nele esse hábito. E começa agora. Você não vai soletrar para ele, mas essa é a moeda de troca. Desde que ele conte para você tudo o que está acontecendo, quanto dinheiro ele está ganhando, onde ele guarda esse dinheiro e o que pretende fazer com ele, receberá a dose regular da sua droga do amor. Caso contrário...

E você quer que ele crie esse hábito logo. Você quer e vai exigir provas de que esse é o caso. Ou, de novo, ele não vai ganhar a dose de que precisa.

Só vale a pena pegar o peixão se ele for saboroso. Há muitos outros peixões no mar, mas esse é o rei deles. É ele que você quer. No entanto, quando você puxá-lo para o barco, não quer que ele fique se debatendo de um lado para o outro. Lembre-se de que ele está nadando no mar há muito tempo e se sente confortável fazendo isso. Estar no chão do seu barco, aos seus pés, será uma nova experiência para ele, então você vai querer colocá-lo no gelo o mais rápido possível.

O truque aqui é nunca deixar que as coisas voltem a ser como eram naqueles primeiros dias, mas nunca dizer para ele que esses dias se foram para sempre. Em vez disso, o truque é fazer com que ele continue acreditando que, desde que a faça feliz, você continuará tratando-o como um rei. Mais uma vez, a viagem é melhor que a chegada. É claro que você realmente vai tratá-lo assim, porque essa é sua parte do acordo. Contudo, como a demanda pela sua droga é alta e como você controla a oferta, vai querer racionar esse suprimento com muito cuidado.

Deixe a caçada começar.

No mundo da droga, isso é conhecido como o primeiro pico. A primeira carreira de cocaína causa o barato mais forte. Depois daquela primeira carreira, cada carreira que a sucede até dá para o gasto, mas nada que se compare à carreira número um. Assim sendo, o viciado em cocaína cheira mais e mais, sempre buscando se sentir como naquela primeira carreira. Só que nunca acontece.

Seu peixão será como um viciado em drogas. A memória que ele terá de como você fez ele se sentir durará para sempre. Como a memória da época boa será extremamente poderosa, ele fará de tudo para se sentir daquela forma de novo. É seu trabalho fazer com que ele se sinta daquela maneira e fazer com que ele acredite que, se fizer isso ou aquilo, vai sentir aquele barato com você mais uma vez.

Você não tem de fazer muito para conseguir que ele atenda às suas vontades. Ele só tem de acreditar que, se você não está feliz, é porque ele não está atendendo aos seus desejos, e por isso haverá consequências.

As consequências serão que ele talvez não possa vê-la até que comece a atender tais desejos.

Isso talvez soe um pouco cruel, e você talvez pense que não devia ser assim, que devia ser uma parceria legal e igualitária num relacionamento no qual nenhuma das pessoas controla ou tem poder sobre a outra. Sinta-se à vontade para tentar essa abordagem se quiser. Talvez você até já tenha tentado uma série de vezes com outros caras e não tenha dado muito certo.

Bem, agora é a hora de aceitar a realidade e fazer com que ela funcione a seu favor em vez de viver na terra da ilusão, de estar no lado errado da balança do poder e pagar um preço alto pela experiência de fazer as coisas do jeito errado.

Deixe que ele cace você. E jamais permita que isso mude. Enquanto você perceber o valor de quem você é e do que representa, e perceber o valor que tem para ele, ele também valorizará tudo isso. Se você der tudo de graça ou sem limites, contudo, ele vai dar o relacionamento como certo e você estará condenada.

Às vezes, você pode usar pequenos truques para lembrá-lo de quão poderosa você é e de que ele não é o único que a valoriza — que há outros na fila de espera para entrar na sua se ele sair.

A Mina do Rock tinha o hábito de combinar de sair para beber com amigos homens sem contar para o peixão dela. Então dava um gelo no peixão por alguns dias, até que ele cedesse às suas últimas exigências. Só depois disso ela convidada o peixão para se juntar a ela e a um amigo para beber depois do trabalho. O outro cara era invariavelmente um homem casado com quem ela tinha feito sexo em algum momento do passado, embora ela nunca admitisse isso para o peixão. Ela me contou que era muito divertido assistir os dois caras socializando um com o outro, nenhum tendo muita certeza do que estava acontecendo ou tinha acontecido, e ela não tornava as coisas fáceis para que nenhum deles entendesse nada.

Mais tarde ela voltava para casa com seu peixão, e ele sempre estava no clima de fazer qualquer coisa para satisfazê-la.

Ele queria a dose da droga do amor dela, e ela tinha mandado uma mensagem não muito gentil, mas bastante clara, de que a droga dela era boa, e que era cara. Como ele queria o primeiro pico, pagou o preço para consegui-lo.

Assim, deixe que ele a cace e lembre-o de tempos em tempos que sua droga é cara porque é a melhor. Ele vai continuar querendo mais.

Um bom jeito de promover essa caçada é inventar pequenas desculpas de por que você não pode encontrá-lo numa noite qualquer.

O melhor jeito — e mais garantido — de fazer com que ele fique louco, e cansar aquele peixão para ficar fácil de puxá-lo para dentro do barco quando chegar a hora de tirá-lo da água, é lhe dizer que você vai sair com uma amiga e passar a noite com ela. Que você vai consolar uma velha amiga que não está bem.

E como diz a grande música do Eagles,[7] "mas ele sabe para onde você está indo assim que sai, a caminho da parte da cidade que trai". Mesmo que não seja verdade, deixe que ele pense que poderia ser.

Isso vai funcionar a seu favor de algumas formas diferentes. Vai dar a você o espaço necessário para avaliar o potencial de um novo candidato a peixão, caso as coisas com esse acabem não funcionando. Também vai tornar muito mais provável a captura do peixão, e em condições extremamente favoráveis a você.

Esse jeito esquivo que você está adotando agora é um estimulante muito poderoso para a caça. Ele quer ficar com você, mas não pode chamá-la de mentirosa e dizer que você está saindo com outros caras quando não está com ele. Uma coisa dessas ia fazê-lo parecer paranoico ou delirante, ou pelo menos é o que ele vai pensar. E talvez você lhe diga isso. Então ele vai ficar na dele. No entanto, por dentro, as inseguranças dele estarão corroendo tudo, e ele vai saber ou pelo menos ter uma forte suspeita de que você esteja dando uma olhada no que mais o imenso oceano pode oferecer.

---

[7] Trecho da música "Lyin' Eyes". (N.T.)

Tome cuidado para não fazer essa jogada de forma agressiva demais. Você não quer que ele fique de saco cheio e se debata tanto que a linha arrebente durante o combate corpo a corpo que vem a seguir.

Você quer fazer essa jogada com habilidade. Diga que quer encontrar com ele, mas sua velha amiga Sarah está na cidade e que você gostaria de saber as novidades dela e contar as suas. Na semana seguinte, você terá de encontrar com Paula, e com outra amiga alguns dias depois disso. É claro que serão apenas vocês duas, saindo para bater um tradicional papo de garota. Afinal de contas, você não quer que seu peixão se convide para ir junto. Se for pressionada, apenas diga que vocês vão sair para beber um pouco e quem sabe comer uma pizza depois. Entretanto, não se comprometa a estar em determinado lugar em determinada hora. A última coisa que você quer fazer é facilitar uma eventual inspeção da parte dele.

Quando você não estiver com Sara, Paula ou Maria, simplesmente diga que vai jantar com seu pai numa noite e com sua mãe na outra. E aí tem o seu irmão, sua antiga colega de faculdade, e a lista continua. Você está conseguindo se esquivar, mas sem dar a ele nenhuma prova concreta de que está aprontando alguma coisa.

Você pode fazer essa jogada por um tempo, mas se fizer por tempo demais há uma chance real de ele sair em disparada e nadar o mais rápido que puder na direção contrária. Assim como um pescador não quer ficar sem linha quando o peixe sai nadando, você não quer forçar a barra e vê-lo desaparecer na distância, com o conhecimento óbvio de que foi sacaneado.

Tenha certeza de que está sendo atenciosa e carinhosa toda vez que encontrá-lo, que está interessada nele e dando todos os motivos para ele acreditar que você o ama, somente a ele. Dessa forma, quando não estiverem juntos, a memória de como o tempo dele com você foi maravilhoso ainda estará fresca, e ele vai usar essa memória para se iludir e pensar que, quando você diz que está com um amigo ou parente, é isso mesmo que está fazendo.

Então, você o deixa caçá-la se esquivando, dando explicações razoáveis e críveis de onde você está ou esteve, tendo certeza de que ele não tem como verificar nada disso, e depois esbanjando simpatia toda vez que estão juntos.

Isso vai funcionar perfeitamente.

Seu peixe logo estará exausto e quase pronto para pular no seu barco por conta própria.

CAPÍTULO 41

o término

PARABÉNS! DIGO ISSO PORQUE, SE você chegou até aqui e seguiu todos os passos indicados no livro, seu peixão já está pronto para ser capturado.

Todo seu trabalho duro, tempo investido, raciocínio cuidadoso e planejamento, toda sua maestria e habilidade, tudo isso está prestes a ser recompensado. Você deve estar pensando que tudo o que tem a fazer agora é esperar por um convite para jantar em um restaurante incrivelmente romântico com vista para o mar, à luz de velas, com acompanhamento de uma bela garrafa de vinho francês e uma aliança de noivado a seguir. Você deve estar se perguntando qual será o tamanho do diamante, na expectativa de que seja um arranjo bonito que mostre ao mundo quanto ele a ama.

Você não vai esperar muito por nada disso.

Se a aliança estiver demorando um pouco para chegar, então é hora de elevar o jogo a uma categoria mais alta.

Você sai andando. Porta afora. Como disse Gloria Gaynor, "ele não é mais bem-vindo".[8]

Game over, é o que você quer que ele pense. Ele teve a chance dele e a estragou. Se realmente a amasse como você o ama, estaria ajoelhado jurando seu amor e fidelidade eternos e provando isso com pelo menos três quilates.

Se ele ainda está de pé e não há aliança nenhuma à vista, isso só pode significar que ele não a ama, que toda aquela conversa era só papo-furado, que ele está fazendo você perder tempo e provavelmente está saindo com outras mu-

---

[8] Trecho da canção "I Will Survive". (N.T.)

lheres pelas suas costas. E o tempo todo que ele esteve fazendo isso, você deixou sua vida inteira em suspenso por causa dele.

Fale isso para ele, então sente e espere.

Voltando àquele seu sonho de ser atriz, eis aqui mais uma chance para exercitar a fantasia. Esqueça a verdade, o amor e a integridade. É hora de fechar o negócio, de capturar seu peixão. Se você não está mentindo, não está se esforçando.

Você precisa fazer dessa a atuação da sua vida. Você precisa estar no patamar de Meryl Streep ou Cate Blanchett, não de alguém como Jennifer Aniston. Não sei você, mas eu sempre fico impressionado com atores e atrizes que interpretam diferentes personalidades em seus vários papéis em filmes. Gente como Edward Norton e Tim Roth e Philip Seymour Hoffman. Atores de verdade.

Bom, você precisa ser como um desses grandes atores. Como aqueles que fazem papéis de verdade, em vez de interpretarem a si mesmos. Você precisa fazer o papel de uma mulher tão desesperadamente apaixonada, tão necessitada do amor desse homem, que preferiria sair andando de mãos vazias e coração partido a simplesmente seguir a rotina com alguém que não a amasse de verdade.

Você acredita no amor e que amor com o homem certo quer dizer felicidade eterna para vocês dois. Quando conheceu seu peixão, sentiu que era o escolhido, o cara por quem você estivera esperando a vida inteira. O cara que você já estava com medo de nunca chegar a conhecer ou sequer existir. E o que aconteceu foi que, quando ele apareceu, você se apaixonou perdidamente, mas a intensidade desse amor a assustou. Você mal podia acreditar que tudo aquilo era verdade, mas aproveitou a chance e se entregou, e agora parece que foi tudo em vão. Você está devastada. E pensando em como se recompor e começar de novo. Não, você dirá para ele, chega de romances para você, é doloroso demais, e de agora em diante você vai se cuidar para manter as coisas leves e simples com os caras que conhecer. Daqui em diante vai ser só diversão, nada sério.

É claro que a esta altura seu peixão já está loucamente apaixonado por você e vai ficar se perguntando o que está acontecendo. Afinal de contas, ele já disse que a ama e que está fazendo planos para vocês dois ficarem juntos, e isso vai acontecer.

O problema, você dirá, é que tudo o que recebe dele são palavras. Outras pessoas de lábios doces já prometeram coisas assim antes, porém elas a decepcionaram, o que lhe causou um sofrimento terrível.

Agora você tem certeza, graças à falta de atitude dele, que ele é só mais um daqueles caras que prometem muito e entregam pouco ou nada.

E por isso tudo está acabado. Você foi se despedir dele e pegar suas coisas. É hora de seguir em frente.

Esse cara vai enlouquecer. Ele vai implorar para você ficar. Vai explicar que está tudo prestes a acontecer, que essas coisas levam tempo, que você só precisa ser um pouco mais paciente.

Você vai explicar que tem limite para tudo, que você não consegue continuar desse jeito. "Obrigada, foi bom conhecê-lo. Eu lhe desejo o melhor, aqui estão suas chaves, adeus".

Você vai precisar ter forças para fazer isso de modo convincente. Talvez pense que é arriscado demais, que a melhor tática é fazer como ele diz, seguir o jogo, ficar quieta e esperar. No entanto, o fato é que você precisa estar preparada para correr esse risco. A única pergunta a ser feita é quando tomar essa atitude, não se você devia tomá-la ou não. Você deve tomá-la quando estiver convicta de que o anzol está preso na boca dele, firme, que o peixão cansou do jogo e quer que as coisas voltem a ser como antes. Se você terminar quando tudo isso estiver feito, ele vai fazer seja lá o que for para que as coisas voltem a ser do jeito que eram antes, quando você era feliz — e ele também. Assim, ele perceberá que o próximo passo é um preço bem pequeno a ser pago para realizar o sonho de uma vida feliz com você.

Afinal de contas, ele pensará, ele a ama, você o ama, é perfeitamente compreensível que você queira que ele se case com você, e por que ele não se casaria com você? Todo mundo se casa um dia, nem sempre com uma pessoa que amam. De certa forma, vocês dois são muito sortudos, porque se amam, ou seja, o casamento é a coisa certa a se fazer. Então, ele entrará rápido em modo casamento, e logo você terá um pedido e uma aliança.

Prepare-se para a performance da sua vida, porque quão bem você atuar aqui vai determinar o resultado de todos os esforços que tem feito nas últimas sete ou oito semanas.

Quando for a hora certa, faça o que tem de ser feito. Fale para ele que já deu para você, que não está mais dando certo, e vá embora. Lágrimas e emoção em abundância são coisas boas nesse estágio. Diga que ele é um cara incrível e que você lhe deseja todo o sucesso do mundo na vida, mas deixe-o com a certeza de que você está falando sério quando diz que chegou ao seu limite.

Então saia andando.

Agora o peixão está praticamente dentro do seu barco.

CAPÍTULO 42

Hora de dar tchau

DEPOIS QUE VOCÊ SAIR ANDANDO e der um tempo para o seu peixão pensar, ele vai entrar em contato com você.

Ele vai querer vê-la e vai sugerir que se encontrem para conversar. Idealmente isso acontecerá depois de se passarem muitos dias, durante os quais você conseguiu se controlar e não entrou em contato com ele.

Você merece meus mais sinceros parabéns por isso. Quando ele ligar e pedir para encontrá-la, você terá vencido. Agora o peixão está no seu barco. Ele está quase pronto para ser devorado.

Você já leu algum desses livros de receitas chiques, nos quais a receita pede que você deixe algum tipo de peixe ou carne para marinar? Essas receitas sugerem colocar a carne em uma tigela de marinada e deixar esse recipiente separado na geladeira por algumas horas ou de um dia para o outro. Assim, a marinada tem tempo para dar sabor à carne, o que a deixa mais saborosa.

Bom, você vai fazer a mesma coisa com seu peixão. Pense nas palavras que utilizou durante o término como uma marinada, e agora você vai deixá-lo absorvendo essas palavras em uma tigela por alguns dias antes de concordar em se encontrar com ele.

O jeito de armar o próximo encontro de vocês é mencionando que quer se despedir direito dele.

Isso vai deixar o encontro muito a seu favor. Ele já vai sair em desvantagem, e vai saber que precisa ir armado com alguma coisa boa de verdade se quiser virar esse jogo de alguma forma.

Lembre-se de que ele já estará desesperado nesse estágio. Agora ele acredita piamente que você está apaixonada por ele, mas que não tem como continuar porque ele falhou de alguma forma. Ele está encarando a beira do abismo da solidão como consequência. E sabe — ou pelo menos acredita — que é a hora do vai ou racha, senão corre o risco de perder para sempre o amor da vida dele e um futuro feliz.

Essa é uma situação carregada. E a arma está em suas mãos. Ele sabe o que precisa fazer para salvar a situação: ceder e dar o que você quer. Senão, você vai embora.

Você concorda e marca o encontro. Tenha certeza de que a locação é ao menos neutra. Você sem dúvida não quer encontrá-lo na sua casa nem na dele. Ele precisa ir para o encontro sabendo que ao final cada um de vocês irá para um lado diferente, e aí será o fim.

Quando você encontrá-lo, vai querer ser agradável e no mínimo aparentar estar feliz e confiante. No entanto, em algum momento você deve fazer "aquele" olhar. E "aquele" olhar será um lembrete do que ele está abrindo mão se não atender seus desejos.

Esse encontro pode seguir um de dois caminhos. Ele talvez não atenda seus desejos, mas esse resultado é bem improvável. Ou então ele vai lhe dar tudo o que você quiser de bandeja. Se você fez seu trabalho direito, pode ter certeza de que a marinada funcionou, e o peixão está pronto para ser cozido e servido.

O peixão foi capturado.

Agora você é dona desse cara.

Posfácio — Estudo de caso

COMO PARTE DA PESQUISA PARA este livro, viajei de Londres para o *resort* litorâneo de Pattaya, localizado no lado oriental do Golfo da Tailândia. Eu estava interessado em um fenômeno sobre o qual tinha ouvido falar através de amigos e conhecidos com quem tive contato enquanto trabalhava no equivalente londrino de Wall Street, uma região conhecida como The City.

Esses homens trabalhadores e inteligentes tinham tirado férias na Tailândia e voltado para Londres, e desde então passaram a se comportar da forma mais extraordinária possível: começaram a mandar grandes quantias de dinheiro para as mulheres que tinham conhecido lá, e faziam isso com regularidade. Eles viajavam de volta para Pattaya com frequência em pequenos grupos para continuarem de onde tinham parado com as mesmas mulheres que tinham conhecido lá e a quem sustentavam.

Entre eles estavam inclusive alguns exemplos de homens sofisticados e urbanos, dessa laia e meio social, que haviam se separado de suas esposas no Reino Unido e então se casado com uma dessas mulheres tailandesas. O CCO de um prestigioso banco de investimentos alemão até me mostrou fotos do dia de seu casamento com uma jovem garota tailandesa, vinda de uma pequena vila rural. A cerimônia de casamento foi conduzida no que parecia ser uma pequena clareira em uma selva, no que poderia ter sido o cenário de um filme antigo sobre a Guerra do Vietnã, como *Platoon* ou *Apocalypse Now*. Eu conseguia até ver a casa da família da noiva, que parecia ser um barraco com telhado de zinco, entre as árvores. E lá estava Mark, de terno azul e gravata, sentado de pernas cruzadas em um chão sujo, de mãos dadas com a noiva. E ele parecia mais feliz do que eu o tinha visto nos quatro anos que trabalhamos juntos no banco em Londres.

Fiquei impressionado que tal coisa pudesse acontecer, e me perguntei se o cara tinha perdido a cabeça, ou qual pedaço de informação que eu não tinha poderia explicar isso. Afinal de contas, Mark tinha se divorciado da esposa com quem se casara dez anos antes, com quem tinha três filhos em Londres, e tinha se casado com uma garota cujo histórico e estilo de vida eram tão distantes de tudo o que ele tinha conhecido na vida quanto era possível — e ele estava encantado com a decisão que havia tomado.

Para mim, não parecia ser uma coisa de crise de meia-idade, não havia carros esporte ou coisas do tipo envolvidas. Embora a garota não fosse feia, ela não parecia ser o tipo de garota com os óbvios atributos físicos que talvez explicassem o que estava acontecendo ali. Para ser bem honesto, ela parecia bem sem graça. Então isso não era algo movido pela beleza ou por um *sex appeal* óbvio.

Assim, como parte da minha pesquisa sobre o encanto que — pelo que eu tinha entendido — essas mulheres simples da Tailândia aparentemente possuíam, fui lá verificar por conta própria.

Se você nunca foi à Pattaya, insisto que o faça — isso se você for uma pessoa cabeça aberta e com uma natural disposição curiosa. O que você verá lá talvez seja chocante, mas se tudo der certo você ficará satisfeito por ter ido, e posso garantir que será uma experiência muito memorável.

O objetivo do prefeito de Pattaya é transformar o que uma vez foi uma pequena vila de pescadores na Miami do Sudeste Asiático. Turistas do mundo inteiro visitam a cidade, mas no momento em que escrevo este livro ela é popular em especial com os russos. A Tailândia e a Rússia fazem muitos negócios, e parte do tratado entre os dois países é que os russos podem viajar para a Tailândia com facilidade, sem restrições de visto. Assim, eles visitam o país aos bandos.

Como a Tailândia fica a mais ou menos três horas de avião da Rússia, você poderia pensar nessa viagem como o equivalente à rota entre São Paulo e Recife. Isso possibilita que alguns russos passem o fim de semana na Tailândia. O aeroporto internacional de Bangkok é enorme, muito moderno e altamente eficiente em transportar grandes quantidades de visitantes para dentro e para fora do país. Por exemplo, lá não vivenciei os longos atrasos na imigração e no controle de passaportes que me aconteceram nos Estados Unidos. E de Bangkok é uma corrida de táxi fácil e direta de 120 quilômetros em uma estrada moderna para Pattaya, que custa 1.200 bahts — ou seja, 35 dólares.

O clima na Tailândia é bem quente, como você esperaria de um lugar situado a cerca de apenas 15 graus da Linha do Equador. Como costuma ser o caso em lugares nessa latitude, o dia é relativamente contido, pois é à noite que o lugar ganha vida. E não há lugar nenhum que eu conheça, em todo o planeta Terra, que ganhe vida como Walking Street, no centro de Pattaya.

É andando pela Walking Street que você verá a demonstração mais extraordinária de vida humana adulta, em toda sua abundância e variedade, fazendo lugares como Las Vegas passarem vergonha em comparação. Você verá de tudo, de lagostas de três quilos esperando no gelo por um apreciador de frutos do mar faminto a uma garota de 6 anos com um rabo de cavalo, contorcida em um círculo perfeito, se equilibrando na garupa da bicicleta do pai — passando ainda por uma centena de placas de néon diferentes, todas tentando seduzir você a aproveitar sua forma especial de entretenimento. Há go-go bars, caracterizados do lado de fora com jovens tailandesas extraordinariamente lindas, que podem estar vestidas como comissárias de bordo ou algo similar, todas competindo por negócios. O objetivo delas é tirar você da rua e colocá-lo no bar, que é onde o entretenimento começa de verdade. E aí há os concorrentes russos, com suas loiras de pernas compridas, vestidas em trajes como os dos haréns árabes, do lado de fora, na rua, e também podendo ser vistas através de janelas se contorcendo em mastros que vão do teto ao chão no andar de cima.

Há ainda o fenômeno que, embora não seja uma peculiaridade exclusiva da Tailândia, é preciso ver para crer. Em vários pontos da Walking Street estarão dúzias de *ladyboys* — e, adivinhe só, elas frequentemente não são meramente belas, muitas vezes são espetacularmente lindas. Desafio o observador casual a me dizer que essas criaturas incrivelmente convincentes não são mulheres.

Sendo bem honesto, fora as vozes desses indivíduos, sobre as quais não podem fazer nada para mudar, a única evidência em contrário real é a altura deles, porque costumam ser bem mais altos que as mulheres tailandesas de verdade. E o fato de eles se arrumarem e se maquiarem tão bem, e terem corpos tão impossivelmente perfeitos — através de numerosas cirurgias e uma dieta cuidadosa.

A indústria médica na Tailândia está entre as melhores do mundo, e muitas pessoas do mundo inteiro viajam para lá, como turistas clínicos, para fazerem cirurgias cosméticas. A partir dos indícios que você encontra na Walking Street às quatro da manhã, esses turistas estão obtendo um serviço de altíssima qualidade por um preço baixíssimo em comparação ao que tais procedimentos custariam nos Estados Unidos ou em um hospital particular na Europa Ocidental.

O chamado *fast-food* de lá é similarmente exótico, estranho e saboroso. Aqui você pode comprar qualquer coisa: delicados *kebabs* de cogumelos grelhados, salada apimentada de mamão com cinco tipos de *chilli*, pés de galinha e sangue de galinha congelado, camarões gigantescos grelhados — há até escorpiões e larvas temperados e fritos.

Às vezes, é melhor não perguntar o que você está comendo e simplesmente aproveitar o prato por seu sabor em vez disso.

Foi essa cornucópia de deleites visuais, sexuais e epicuristas que me ajudou a compreender o que faz com que as mulheres tailandesas sejam tão bem-sucedidas quando se trata de capturar peixões da variedade ocidental.

É claro que para isso precisei visitar os go-go bars, com seus mastros brilhantes e belezas morenas de salto alto, cada uma delas com um número preso a uma pulseira ou em suas saias. É claro que também entrei em contato com a variação mais sutil desse tema, na qual um show erótico era dado pelas garotas, mas a ênfase era mais no estilo de dança tailandesa apresentado lá em vez de um simples e mundano *pole dance* no estilo ocidental.

Assim como acontece com as comidas típicas do Ocidente e do Oriente, há diferença na dança. O *pole dancing* importado do Ocidente parece muito sem graça e entediante em comparação ao modo fabuloso e elegante como as tailandesas dançam, com seus movimentos fluidos e hipnotizantes de mãos e braços, movimentos que você tem de ver para crer. É como comparar uma costela de porco com queijo que você encontraria em um restaurante caro na Flórida com uma salada de vegetais apimentada tailandesa feita com peixe fermentado. Simplesmente não tem como comparar.

Recomendo que você conheça esse lugar antes que ele seja tomado pelos gigantes de *fast-food* americanos que parecem ter um dom para estragar a cultura local com sua comida processada, salgada e açucarada demais, e sua comunicação visual espalhafatosa e de mau gosto.

Pois bem, foi nesse turbilhão de empolgação que caí, recém-saído de um fevereiro frio e melancólico em Londres. Foi por volta da segunda noite na cidade que peguei uma amostra de um show em um lugar chamado Angelwitch, que ficava situado em uma das Soi (travessas) que cruzam a Walking Street. O show tinha uma reputação muito boa e aparentemente era de bom gosto, como demonstravam todos os casais na plateia.

Foi nesse show que conheci a Dançarina Tailandesa, que era uma das dançarinas de lá. De repente ela estava sentada ao meu lado. Simples assim. O domínio dela da língua inglesa estava um ou dois graus além do não existente. Ela tinha um corpo esguio, pele morena, cabelo preto comprido — como acontece em todos os lugares da Tailândia —, e era bonita. Não linda, mas bonita. E era muito cativante. De alguma forma. Era algo nos olhos dela que parecia fazer o serviço.

Ela me perguntou: "O que você faz e de onde vem você?". Tentei explicar que estava escrevendo um livro e perguntei se poderíamos nos encontrar em algum momento para bater um papo. Ofereci para pagar pelo tempo dela. Tive a distinta impressão que ela não tinha entendido uma palavra que eu disse.

Dentro de alguns minutos, uma mulher tailandesa consideravelmente grande e corpulenta nos abordou. O inglês dela era quase perfeito, superado apenas pelo olho dela para negócios. Ela me perguntou se eu queria fazer "*boom boom*" com a moça. Expliquei o que queria e ela deu a seguinte resposta: "Você paga taxa do bar de 1.000 bahts, e você paga para a moça 2.000 bahts por um pouco de tempo ou 3.000 bahts por bastante tempo".

Ali estava, uma negociação fria e direta. Eu podia comprar essa moça pelo resto da noite por 120 dólares.

Bom, quando eu estava jogando golfe com meu cunhado em St. Andrews, na Escócia, alguns anos antes, e nós tínhamos a opção de fazer uma tacada arriscada ou fazer uma jogada segura, ele sempre dizia: "Não viemos até aqui para fazer jogadas seguras e *lay-ups*, viemos?". *Lay-up* é uma expressão utilizada no golfe para descrever a rota mais segura, mas menos gratificante, até o buraco.

Bom, naquela noite quente e úmida que passei em Pattaya com a dançarina, não fiz um *lay-up*.

Ela voltou comigo para o hotel e passou a noite lá, e foi muito agradável, mas a barreira de linguagem ainda dificultava um pouco as coisas. Consegui aprender que ela vinha de um lugar ao norte chamado Khon Kaen, em uma região chamada Isan — uma área de cultivo de arroz —, que ela tinha 31 anos, era divorciada e tinha dois filhos: uma garota de cinco anos chamada Fang e um garoto de quatro anos chamado Lekke. Ela era tímida e reservada de um jeito inesperado. No entanto, era encantadora. Ela me deu o telefone dela no dia seguinte, disse para eu ligar para ela, e fomos cada um para um lado.

Eu estava aprendendo rápido que as histórias contadas pelas garotas de lá para os Falang podem ser maquinadas, desonestas e criadas para enganar o cliente desavisado. Elas inclusive utilizam a palavra cliente para descrever os Falangs com quem se encontram. Também me contaram que quase todas as garotas tinham um namorado ou marido tailandês, frequentemente tinham ambos.

Mais ou menos uma semana se passou quando recebi uma mensagem de texto da Dançarina Tailandesa. Ela queria me ver. Sugeriu que nós nos encontrássemos no longo passeio chamado Beach Road, que vai do norte ao sul da praia principal da parte central de Pattaya. Era uma tarde agradável, e estava quase na hora do meu sorvete diário, então concordei em encontrá-la. Nós combinamos de nos encontrar "no coração".

Eu tinha uma vaga lembrança de ver algo parecido com um coração em algum lugar do passeio, e foi lá que nos encontramos pela segunda vez. Em frente a um enorme coração vermelho aonde os casais vão tirar fotos juntos. De novo, a comunicação não foi fácil. Nem o inglês dela nem o meu tailandês tinham melhorado desde a última vez que tínhamos nos encontrado. No entanto, agora ela tinha um telefone que traduzia do inglês para o tailandês, e do tailandês para o inglês.

Depois da caminhada, nós nos recolhemos ao meu aposento, que agora era um apartamento bem bacana no 16º andar de um prédio com vista para a Baía de Pattaya. A vista da sacada conforme o sol se punha era espetacular. Nós tínhamos passado uma tarde muito agradável juntos. Como antes, não fiz um *lay-up*. Passamos algumas horas divertidas conversando através do telefone tradutor dela. E mais uma vez ela foi muito cativante. Era muito apaixonada por seus dois filhos. Falou com eles dois por telefone enquanto estava comigo. Contou que eles estavam em casa, na vila, sendo cuidados pelos pais dela.

Mais tarde nós concordamos em nos encontrar de novo. Contudo, nenhum plano específico foi feito.

Alguns dias depois ela entrou em contato, convidando-me para ir ao show vê-la mais uma vez. Eu estava ocupado explorando a cidade, e não queria passar outra noite nesse show em particular, que eu já tinha assistido antes. Então recusei, mas concordei com a sugestão dela de nos encontrarmos no dia seguinte, à tarde, o que fizemos. Dessa vez, disseram que eu teria de pagar uma nova taxa de bar pelo privilégio de vê-la mais uma vez. Fiquei um tanto quanto irritado, uma vez que não tinha ido ao show e não queria pagar para tirá-la de um show ao qual não tinha ido. Entretanto, como a barreira de linguagem ainda era um obstáculo, concordei para evitar uma cena.

Um pouco mais tarde, ela me convidou para a festa de aniversário dela com os amigos, que seria no dia seguinte. Fiquei bastante lisonjeado e concordei em ir.

Ela ficou ocupada com o telefone e disse que eu tinha de falar com Mamasan, a mulher corpulenta da Angelwitch, aquela entendida em negócios. Recusei. Mais mensagens de texto, seguidas pela instrução de que eu teria de pagar uma taxa de bar dupla. Uma por aquele dia e outra pelo dia seguinte, para o aniversário dela.

Então agora eu teria de pagar uma taxa de bar, o preço que um cliente paga a um bar ou show para tirar a garota do bar pela noite, e queriam que eu pagasse não apenas uma, mas duas vezes. Duas taxas de bar a serem pagas, apesar do fato de que eu não tinha ido a um bar e que a Dançarina Tailandesa tinha entrado em contato comigo, não o contrário. Eu estava ficando de saco cheio da garota e da situação bem depressa.

Sendo um nova-iorquino nativo de Long Island, percebi que estava sendo sacaneado pela Mamasan da Angelwitch. Recusei-me a pagar e escoltei a Dançarina Tailandesa porta afora. Achei que não fosse vê-la mais.

Bem, ela entrou em contato comigo por mensagem de texto e de alguma forma me fez entender que eu a tinha entendido errado, que não era culpa dela. Eu suspeitava fortemente que a Mamasan estivera dirigindo as operações de sua mesa de jantar, e que a Dançarina Tailandesa estivera sendo instruída a tirar dinheiro de mim, e o novo contato só confirmou minhas suspeitas.

Nós trocamos mensagens de texto durante as semanas seguintes, mas não nos encontramos até minha última noite em Pattaya. Ela me mandou uma mensagem por volta das dez da noite, dizendo que não estava trabalhando aquela noite e que podíamos nos encontrar. Foi o que fizemos. Ela, a amiga dela chamada Em e eu tivemos uma noite ótima dançando ao som de uma fabulosa banda tailandesa, e então a Dançarina Tailandesa e eu voltamos para o meu apartamento. Eu disse a ela na manhã seguinte que estava partindo para Londres mais tarde naquela noite. E claro que eu esperava que ela pegasse seu dinheiro e fosse embora. Afinal de contas, não havia mais nada ali que a prendesse...

Eu estava mais uma vez errado. Ela me acompanhou até o Hard Rock Cafe, onde comprei algumas camisetas para minha filha e um amigo. Eu me ofereci para comprar uma camiseta para ela também, porém ela recusou com educação.

Então recebi uma ligação de um fotógrafo americano fabuloso chamado Brad, quem eu tinha conhecido no começo daquele mês. Ele me convidou para passar o dia no apartamento dele, pois sabia que eu tinha saído da casa onde estava ficando e tinha o dia para matar antes de o meu voo sair naquela noite.

Brad é um cara bastante carismático que costumava fotografar capas para diversas revistas de luxo. Ele é um artista de verdade e, portanto, muito criativo. Eu disse à Dançarina Tailandesa que estava indo para a casa dele e a convidei para ir junto. Eu esperava que ela dissesse não. Afinal de contas, ela ainda estava com o vestido curto e sapatos brilhantes da noite anterior.

Antes que eu me desse conta do que estava acontecendo, estávamos em um táxi a caminho da casa do Brad. Quando chegamos, ele me disse que a namorada tailandesa de quatro semanas dele também estava lá. Brad já tirou milhares de fotografias das mulheres mais bonitas do mundo, para algumas das revistas mais famosas do mundo. Essa namorada tailandesa era linda, mas, ao chegar, vejo que ela está em seus trajes normais, que parece ser um uniforme de futebol masculino. Um tanto quanto bizarramente, ela fica ótima nele.

Passamos a tarde nos divertindo. Comemos um pouco, conversando e relaxando, até que Brad teve a ideia de tirar algumas fotos minhas. Eu não sou fotogênico e recuo desse tipo de coisa. Contudo, Brad é muito persuasivo, e logo ele tinha me deixado despido até a cueca, encharcado de um banho gelado, com oito colares de Buda no pescoço. Brad consegue fazer qualquer um sair bem na foto, até um cara velho como eu.

A Dançarina Tailandesa ficou lá quieta a tarde toda. Peguei-a diversas vezes olhando para mim, mas não tinha certeza do que ela estava pensando. Eu tinha ouvido histórias de Falangs que conseguiam entender tailandês o bastante para saber o que estava sendo dito a seu respeito pelas suas costas, e geralmente o papo não era muito cortês. Por algum motivo, contudo, eu não estava convencido de que esse era o caso aqui.

Depois de algumas horas, ela me convidou para ir até a casa dela e encontrar alguns amigos para comer alguma coisa. Ela chamou um táxi da rua. Era uma lambreta dirigida por um homem tailandês. Subi e sentei atrás do taxista enquanto ela se equilibrava sentada de lado na garupa. Ela colocou um braço ao redor da minha cintura, o que me deu uma sensação muito boa. E então nós partimos, zunindo pelas ruelas de Pattaya, para longe dos pontos turísticos comuns e bem longe de qualquer Falang.

Súbito pensei que lá estava eu, com uma mala nos ombros cheia de passaportes, dinheiro, dois laptops e uma câmera fotográfica cara. Apenas alguns dias antes, um avião tinha desaparecido a caminho da China, e havia duas pessoas a bordo que estavam viajando com passaportes roubados na Tailândia. Ou seja, eu estava sendo levado por uma linda garota para uma armadilha. O que estaria esperando por mim quando chegássemos ao tal jantar na casa dos amigos dela?

Nós chegamos, e antes que eu me ligasse do que estava acontecendo ela já tinha pagado o taxista. A garota pobre que não tinha nada acabara de pagar o taxista. Hmmmmm. E ela se recusou a aceitar qualquer dinheiro meu.

Entramos e nos sentamos com os amigos delas, alguns dos quais falavam inglês muito bem. Jantamos vegetais apimentados e um saboroso frango, acompanhados de uísque tailandês. Sentamos em uma varanda que era adjacente à rua. Sendo o convidado, eles me ofereceram uma almofada para sentar. Ela tinha o logotipo do Manchester United estampado, e fez com que eu me lembrasse da ocasião que conheci Sir Alex Ferguson em um saguão de hotel, e então pensar em como a marca que ele construiu tinha viajado. Também reparei que a vizinha deles estava passando uma pilha de roupas em cima de uma toalha esticada no chão da varanda. Eu me perguntei se as roupas pertenciam a ela ou se ela estava fazendo esse serviço para um Falang em troca de algum dinheiro. Suspeito que fosse a última alternativa.

Depois disso, a Dançarina Tailandesa me levou ao pequeno quarto dela, onde tomou um banho e separou suas roupas para trabalhar. Reparei nas fotos dos dois filhos dela, as mesmas crianças que tinha visto no perfil dela no Facebook.

Fomos embora. Outra corrida de táxi-lambreta de volta à casa de Brad, e ela pagou de novo. Sem permitir nenhum tipo de discussão. Dignidade total. Uau. Fiquei de cara. Nós tínhamos uma hora ou coisa assim para passar na casa de Brad. Ela calmamente aplicou sua maquiagem, preparando-se para a noite no palco que tinha pela frente. Então pegamos outro táxi para a cidade, onde peguei minha mala e a deixei na entrada da Walking Street, onde ela estava trabalhando.

Nós dissemos um adeus breve. Pensei ter visto alguma coisa nos olhos dela, e por um breve momento pensei que ela parecia um pouco chateada. No entanto, ela foi embora e não olhou para trás.

Segui para o aeroporto com o mesmo táxi e motorista, um senhor de Isan, a mesma região de onde vinha a Dançarina Tailandesa. Ele me contou que, enquanto eu estava pegando minha mala, eles tiveram um tempo para conversar. E a história que ela contou para ele foi a mesma que ela tinha contado para mim: divorciada com dois filhos, sustentava a família inteira por causa da falta de chuva e da colheita fraca de arroz.

Em outras palavras, agora parecia que ela estivera me falando a verdade o tempo todo.

O motorista me disse que achava que ela era uma garota sincera. E achava que ela gostava de mim. Ele começou a cantar as canções inglesas que tinha aprendido quando criança com um missionário católico. Sua favorita era uma canção de ninar sobre remar seu barquinho alegremente, porque a vida não passa de um sonho.[9] Então ele disse: "Essa é uma bela canção, com muito significado", e riu com gosto. Logo depois, ele me disse que tinha 63 anos e que a segunda mulher dele tinha 38. Ele não parecia ter mais que 40. Contou que o segredo para ter uma aparência jovem é não levar a vida a sério demais.

Achei que esse homem talvez fosse parente do Dalai Lama. A sabedoria dele era tão profunda e tão simples.

---

[9] "Row, row, row your boat, gently down the stream. Merrily, merrily, merrily, merrily, life is but a dream." (N.T.)

A caminho de Bangkok, recebi uma mensagem de texto da Dançarina. Naquele momento ela provavelmente estava se preparando para subir no palco e dançar de roupa íntima na frente de 300 Falangs embriagados. Pensei: "Uau, ela deve realmente odiar a gente". Uma mulher reservada, digna e de um orgulho discreto, forçada pela necessidade financeira a vender seu corpo para sustentar a família.

A mensagem de texto dela dizia: "Acho que você se cuida. Boa sorte". Eu sabia o que ela queria dizer. Mandei uma resposta simpática para ela, e recebi de volta: "Não vou esquecer você. Espero ver você de novo. Tenha uma jornada segura. Também te amo".

Lá estava eu, sentado no banco de trás de um táxi saindo de Pattaya, a caminho de Bangkok. Bastou eu receber algumas mensagens simpáticas de uma garota que não conhecia e com a qual mal conseguia me comunicar para desabar em lágrimas.

Veja bem, não sou um cara que chora fácil.

Ainda assim, essa pequena mulher morena tinha feito com que eu chorasse. Fui obrigado a pensar a respeito disso por um tempinho. Ela claramente tinha me tocado. E tocado uma parte de mim que estava inacessível havia um tempo.

Foi nesse momento que soube com certeza que todas as histórias que tinha ouvido eram verdadeiras, e que a base para este livro era sólida, e que muitas mulheres sofisticadas, educadas e urbanas do mundo ocidental que eu conhecia poderiam se beneficiar de seja lá o que fosse que algumas dessas mulheres que moravam do outro lado do mundo conseguiam fazer com tanta facilidade.

Afinal de contas, se uma mulher pobre e ignorante de uma vila a dez minutos das plantações de arroz que acompanham a fronteira entre a Tailândia e o Camboja, com praticamente nenhuma habilidade para falar inglês, conseguia me tocar dessa forma depois de apenas alguns dias de gentileza e atenção, sem dúvida havia algo a ser aprendido com o método dela.

Se meu amigo Brad, o fotógrafo, podia ficar perdidamente apaixonado por Suzanna, a garota tailandesa com o uniforme de futebol, quatro semanas depois de conhecê-la, isso queria dizer que eu estava certo.

É verdade que essas mulheres eram atraentes, mas duvido que seriam consideradas exemplos de beleza conforme estabelecida pelos padrões ocidentais, então não era a aparência delas que estava fazendo o serviço. Não. Era alguma outra coisa.

Brad faz vídeos bem interessantes de si mesmo e de suas viagens pela Tailândia. Desde cenas de elefantes andando pela estrada e de músicos de rua vindos de Isan até filmes de sua namorada jantando em casa. Acesse o site dele, bradkoerner.com, ou o Google Plus, e dê uma olhada.

Um dia ele me mostrou um vídeo de si mesmo com sua Suzanna que foi muito revelador. Era uma cena simples deles, preparando uma refeição e depois comendo juntos no apartamento dele no "lado sombrio" de Pattaya, área reservada para os habitantes locais. O vídeo mostrava a namorada dele exibindo um comportamento que seduziria qualquer homem. Ela era feminina, carinhosa e atenciosa, e demonstrava tudo isso. E Brad, que já trabalhou com as mulheres mais lindas do mundo, estava completamente encantado por ela. Ele estava apaixonadíssimo por ela, e só a conhecia havia algumas semanas.

Eu estava começando a perceber que estava a cerca de dois ou três encontros a mais com a Dançarina Tailandesa para chegar no exato mesmo ponto que ele.

Analisando com frieza, o que ela tinha feito? Tinha sido ousada e me abordado em primeira instância. O sexo aconteceu rápido e foi bom. Ela então deu sequência a isso com mais atenção, e mesmo sendo rejeitada a princípio, tentou de novo. Apesar do fato de que ela vinha de lugar nenhum e não tinha nada, naquela última noite em Pattaya comigo, que não tinha sido planejada, ela apareceu vestida para matar. Peguei-a me olhando diversas vezes durante aquela noite com a dança tailandesa, e era o tipo certo de olhar, um olhar de desejo e adoração. Ela foi para casa comigo de novo, e de novo o sexo foi bom. Na verdade, foi melhor que bom, foi ótimo, coisa de estrela pornô mesmo. No dia seguinte, quando ela podia facilmente ter ido para casa descansar antes de trabalhar à noite, escolheu passar o dia comigo. E ela fez o que eu queria e precisava fazer. Ela se juntou a mim, não reclamou e foi uma companhia divertida. De alguma forma, a pequena atrevida deu um jeito de pagar por duas corridas de táxi, me convidar para jantar com ela e seus amigos, e me mostrar o pequeno quarto onde morava. Ela tinha até me convidado para visitar a vila dela, aquela onde moravam seus filhos e pais. E tudo isso aconteceu em menos de 24 horas.

Acrescente a isso um adeus quase choroso, algumas mensagens de texto uma hora depois, e não tinha mais jeito para mim. Eu estava bem na beirada de me apaixonar. Essa garota tinha de alguma forma, e sem que eu sequer reparasse, feito tudo girar ao meu redor. Percebi que havia muito tempo nenhuma mulher no meu mundo fazia eu me sentir tão bem quanto essa moça tinha feito. Como consequência disso, eu estava praticamente apaixonado por ela. Sem dúvida alguma. De repente, eu sentia falta dela e estava pensando em formas de mostrar isso para ela. Talvez eu pudesse comprar um frasco de perfume Chanel para ela e mandar como presente de aniversário atrasado.

Então pensei sobre o que tinha perdido enquanto estava preocupado demais em estar sendo sacaneado pela Mamasan.

Como disse Mark Twain, eu estava me arrependendo de algo que não tinha feito.

De volta à análise de como ela e Suzanna tinham conseguido seduzir a Brad e a mim, mesmo em um período tão curto: como aquilo era possível? Nós estávamos no comando o tempo todo, sem dúvida. E as garotas dos arrozais só estavam apenas nos acompanhando. Certo?

Errado de novo, Blake.

A explicação era simples: elas tinham tido lábia, do jeito certo e no mesmo momento, e não tinham dado um passo em falso sequer, em momento algum. Elas tinham feito com que nos sentíssemos especiais. E aprendemos bem rapidamente a gostar dessa sensação. Queríamos mais daquilo.

Brad estava se virando do avesso para fazer qualquer coisa por Suzanna para que ela ficasse com ele. Ela agora tinha acomodação gratuita no apartamento dele. É verdade que ela ajudava mantendo o lugar limpo, mas, ainda assim, era ela quem estava no banco do motorista, e não o Brad.

Percebi que meu comportamento também tinha mudado no que dizia respeito à minha garota. Enquanto alguns dias antes eu a tinha levado até a porta quando ela me pediu 700 bahts, tinha voluntariamente dado mais de 10 mil bahts para ela no último dia que passamos juntos. A taxa corrente em Pattaya pela noite era de 1.500 bahts. Dei 5 mil bahts para ela pela manhã. Quando ela ficou e passou a tarde comigo, coloquei mais 3 mil bahts na mão dela. Então lhe dei 500 bahts pelas corridas de táxi que ela tinha pagado, e mais 2 mil bahts quando ela saiu do táxi e disse adeus. E agora eu estava desejando ter dado ainda mais para ela. Talvez se eu tivesse dado 20 mil bahts a mais, ela fosse poupada por algumas noites da humilhação de ter de se apresentar para um monte de palhaços bêbados, e ela talvez pudesse ir para casa e visitar os filhos.

Enfim percebi para onde isso estava se encaminhando. Assim como todos os homens que visitam Pattaya, eu tinha começado a sucumbir ao charme e ao jeito sedutor das encantadoras jovens de Isan. As mulheres que não tinham nada em seus bolsos, mas tinham o poder da sinceridade aparente e generosidade de alma, com os quais podiam conseguir qualquer coisa que quisessem de qualquer homem para quem arrastassem uma asinha.

Comecei a pensar sobre o meu futuro e sobre como ele talvez fosse com uma mulher como a Dançarina Tailandesa, e para onde isso tudo iria caso eu permitisse, se voltasse à Pattaya no futuro próximo e fosse procurar por ela.

Aquele sábio senhor taxista estava rindo quando disse "talvez hora de começar nova geração", e eu não tive muita certeza do que ele estava falando, mas então ele disse "você vem aqui acha garota Isan e começa nova geração ha ha ha ha ha", e aí entendi.

Ele estava dizendo que ela gostava de mim, e que, se eu gostava dela, não devia pensar muito, apenas fazer e viver muito.

Imagino que o pai de Tiger Woods tenha feito exatamente isso. Ele conheceu sua moça de Isan e se casou com ela, e o resultado disso foi que o mundo do golfe nunca mais será o mesmo.

Talvez, apenas talvez, eu faça o mesmo. Fique de olho nesse canal. E o simples fato de eu estar considerando isso por um momento sequer já diz tudo.

Siga as diretrizes estabelecidas neste livro e você também poderá ter esse poder.

Conclusão

CAPTURAR PEIXÕES É MAIS FÁCIL do que talvez pareça a princípio. Todas as diretrizes estabelecidas neste livro são organizadas em torno de uma estratégia primordial que garante sucesso se aplicada corretamente. A premissa básica é a seguinte: você deve tratar seu homem melhor do que ele já foi tratado na vida.

As orientações passadas aqui não têm como falhar, porque, se você fizer tudo certo, ele logo ficará viciado na forma como você o faz se sentir. Uma vez que ele esteja acostumado a se sentir assim, logo ficará viciado no seu amor, ou o que ele acredita que seja isso. Assim, quando você tirar esse amor dele, ele fará qualquer coisa para tê-lo de volta. Vai lhe dar qualquer coisa, comprar qualquer coisa, ir a qualquer lugar que você queira e fazer qualquer coisa que você deseje. Você terá controle absoluto de tudo. As orientações neste livro lhe darão esse poder. Agora, como você vai utilizá-la depende só de você.

As diretrizes estabelecidas aqui vão funcionar desde que você as siga à risca. Assim sendo, o único risco não é que você falhe na missão de capturar seu peixão, e sim de você ficar tão boa no jogo que vai ficar mimada com tantas opções. E aí a possibilidade muito real de você nunca conseguir decidir quando parar de jogar passará a ser o seu novo normal. É como se você fosse uma cidadã russa vivendo sob o antigo regime comunista, acordasse um dia e estivesse morando em Nova York em vez de Moscou, e tivesse tudo que jamais imaginou ao seu alcance em lojas como a Bergdorf Goodman e a Neiman Marcus. De maneira similar, você poderia simplesmente acordar e de repente perceber que pode escolher o homem que quiser. Essa também seria uma escolha difícil, como escolher entre uma Mercedes top de linha e um Range Rover.

A Mina do Rock, a Garota Divertida e a Dama Misteriosa têm esse problema. Talvez você pense que esse é um bom problema para se ter, mas o fato é que os anos estão passando para elas também, e elas ainda têm de solidificar algum lucro vindo de seus esforços. Tudo porque ficaram gananciosas demais. Elas capturam um peixão, mas aí têm ambições de capturar um ainda maior, e isso não tem fim. O peixe que elas capturam nunca é bom o suficiente. Então elas ficam aprisionadas pelo próprio sucesso. Em cada ciclo que iniciam, há uma nova explicação de por que nunca deu certo com os caras anteriores. E convencer um peixe fresco de que o problema sempre foi o outro cara, e não ela, pode acabar forçando um pouco demais a credibilidade da pessoa.

Se tudo der certo, você será cuidadosa o bastante para não ficar gananciosa demais, agora que você tem o poder, o conhecimento e a técnica para fazer com que praticamente qualquer homem que você queira se apaixone por você. Portanto, use com sabedoria esse novo poder que descobriu.

Ah, uma regra final a ser lembrada antes que você embarque na sua missão: não deixe este livro largado em algum lugar onde um peixão possa encontrá-lo.

Boa sorte e, por favor, não se esqueça de me convidar para o casamento!

Este livro foi impresso pela Rettec Gráfica
em papel pamo classic 70 g.